AF249971

DE LA

RÉMUNÉRATION

DES

SERVICES PUBLICS.

OUVRAGES DU MÊME AUTEUR,

ET QUI SE TROUVENT CHEZ PÉLICIER.

Du Gouvernement, considéré dans ses rapports avec le commerce, ou de l'administration commerciale opposée aux économistes du 19.e siècle. 1 volume in-8.o, 3.e édition.

De l'Enquête commerciale. Janvier 1829.

Du Système maritime et commercial de l'Angleterre au 19.e siècle. In-8.o 1829.

De la Responsabilité ministérielle, relativement à l'administration des finances. In-8.o 1832, 2.e édition.

De l'Impôt. Une feuille d'impression; 2.e édition. 1833.

DE LA
RÉMUNÉRATION
DES
SERVICES PUBLICS.

Par F.-L.-A. Ferrier.

DEUXIÈME ÉDITION.

SE TROUVE :

A PARIS, chez PÉLICIER et CHATET, Libraires, Place du Palais-Royal ;

A LILLE, chez L. DANEL, Imprimeur du Roi.

FÉVRIER. --- 1833.

DE LA
RÉMUNÉRATION
DES
SERVICES PUBLICS.

Pendant la session de 1831, une commission spéciale, choisie dans le sein de la chambre des députés, a été chargée « d'examiner le système suivi « pour la rémunération des services publics par » des pensions assises sur les fonds que produit la » retenue sur les traitemens. » Son rapport a été imprimé. La commission du budget, qui avait à délibérer sur ce rapport, n'a pas pris de conclusion absolue. Hésitant entre deux systèmes, la suppression ou la modification du régime actuel, elle a compris que la matière était grave, qu'il fallait se donner le temps de la mûrir, et elle a fait appel *aux hommes qui s'occupent d'économie politique, aux parties intéressées et à la presse*, ajournant ainsi, jusqu'à la session qui devait suivre, une décision pour laquelle les esprits ne lui paraissaient pas alors suffisamment préparés.

C'est la première fois, je crois, que l'un des

grands pouvoirs de la société provoque une pareille investigation , car cette partie des conclusions de la Commission n'ayant pas été infirmée par la Chambre, l'appel est censé fait par la Chambre même. Quoique je me fusse à peu près engagé à **y** répondre (1), j'ai différé jusqu'ici, espérant que des administrateurs plus anciens que je ne le suis, et surtout plus habiles , entreraient en lice avant moi. Je ne sache pas que rien ait paru. J'accomplis donc ma promesse.

Forcé d'aller vîte , parce que je me présente tard , je négligerai tout ce qui ferait double emploi avec le rapport de la Commission. Je ne crois pas la question susceptible d'être résolue par des chiffres. Elle se lie à des considérations plus hautes. Fût-elle uniquement financière , je penserais encore qu'elle n'a pas été produite sous son véritable aspect. En finance, il faut semer pour recueillir, et par conséquent il ne faut pas d'économies qui compromettent les revenus.

On trouvera dans le rapport de la Commission le nombre et l'origine de toutes les caisses de *retraites* ou de *retenues*. Les deux noms leur conviennent également , puisqu'avec le produit de retenues sur

---

(1) Dans l'écrit qui a paru en 1832, sous ce titre : *De la responsabilité ministérielle relativement à l'administration des finances.*

les traitemens et sur les émolumens des fonctionnaires publics, elles subviennent au paiement de
leur retraite. Les retenues, qui constituent les ressources, doivent suffire aux retraites, qui sont
les charges. Voilà le principe. Aujourd'hui l'équi-
libre est rompu. Les caisses de retraites qui, dans
leurs jours prospères, avaient fait des économies
et les avaient capitalisées, vendent leurs rentes ; et
le moment n'est pas loin où ce triste expédient aura
cessé d'être à leur usage. Depuis quelques années,
le Gouvernement vient à leur secours. En 1832, il
leur a alloué, à titre de subvention extraordinaire,
1,500,000 fr. (Je cite en sommes rondes) ; et l'on
peut prévoir que dans deux ou trois ans, ce sera
4,000,000 qu'il leur faudra (les charges restant
pareilles), parce qu'alors, leurs économies capitalisées auront complétement disparu.

La situation des caisses de retenues est incontes-
tablement fort triste. La majorité de la Commission
incline à ce qu'on les supprime, et, avec elles, le
mode actuel de retraites. La minorité se borne à
demander qu'on modifie le système. Tel est l'état
présent des choses.

Puisque la situation des caisses de retraites est
fâcheuse, le premier point à éclaircir est de savoir
pourquoi elle l'est devenue. Je crains que le rapport
de la Commission ne laisse là-dessus fort à désirer.
Je crains encore que ce rapport n'ait présenté sous

des couleurs beaucoup trop sombres, les effets produits par l'établissement des caisses de retraites.
Laissons parler la Commission :

« Le principe absolu de la rémunération par des
» pensions aux employés, à leurs veuves, à leurs
» enfans, de tous les services rendus à l'Etat, ne
» fut point invoqué sous le régime arbitraire des
» grâces pécuniaires.... Il s'introduisit d'abord dans
» la pensée de ceux intéressés à le faire admettre...;
» et c'est au moment où il a reçu tant d'appli-
» cations particulières, que l'on s'aperçoit du mal
» qu'il produit. Si ce mode avait été, dès le premier
» moment, présenté avec tous ses développemens,
» il aurait été repoussé comme une calamité. Au-
» jourd'hui, il pèse d'un poids énorme sur le
» Trésor de l'État et sur les contribuables qui
» l'alimentent. Toutes les allocations à titre de
» pensions ou de secours s'élèvent, pour 1832,
» à plus de 103,000,000. » (Page 34.)

Ce qui résulte de ce tableau extrêmement affligeant, c'est que notre service rémunératoire coûte
annuellement 103,000,000f, et que, sans le sys-
tême des retenues, cette charge n'existerait pas ou
serait beaucoup moins lourde. Je ne crois pas que le
système des caisses de retraites mérite ce reproche.
Je crois au contraire que, sans les caisses de retraites, le Trésor paierait en pensions fort au-delà
de ce qu'il paie aujourd'hui. Justifions ces deux
assertions.

L'état imprimé à la suite du rapport de la Commission (*p.* 54) apprend que des 103,000,000 auxquels s'élèvent les charges rémunératoires en France, 17,500,000 fr. ne sont pas payés par le Trésor. En effet, la liste civile y subvient pour.   1,100,000[f]

La caisse des invalides de la guerre

pour.   1,600,000

Celle des invalides de la marine pour   4,800,000

et les caisses de retenues des administrations (seul objet qui nous occupera dans cet écrit) pour...   10,000,000

____

Ce qui fait bien.   17,500,000

Le Trésor a donc à payer pour services rémunératoires divers.   85,500,000

____

Somme pareille.   103,000,000

Or, dans les 85,500,000 fr. qui figurent au budget pour le service rémunératoire à la charge de l'Etat, les caisses des retraites des administrations ne sont comprises que pour 1,500,000 francs. Le surplus, c'est-à-dire 84,000,000, se compose de 36 à 40 articles en tête desquels marche la Légion-d'Honneur. Viennent ensuite, processionnellement, les pensions de la Pairie, les pensions civiles, les pensions ecclésiastiques, les pensions militaires, les récompenses nationales et les indemnités temporaires, les secours aux colons, aux réfugiés, etc., etc. Maintenant je demande quels rapports ont toutes ces charges, que le Trésor supporte seul, avec le système des caisses de retraites, qui ne lui a coûté en 1832 que 1,500,000 francs. Je demande comment le système des caisses de retraites a pu être cause qu'on a doté la Légion-d'Honneur (10,000,000 de francs); cause que nous avons eu, pendant vingt ans, de 6 à 800,000 hommes sous les armes, ce qui a forcé à multiplier les pensions militaires, les demi-soldes, les traitemens de réforme, de non-activité (56,000,000 de francs); cause que nous avons perdu nos colonies, ce qui a amené la nécessité de donner des secours aux colons; cause que la Pologne a noblement combattu pour son indépendance, ce qui fait que, noblement aussi, nous offrons quelqu'appui à ses défenseurs malheureux. Non; le système des caisses de retraites n'a pas encouru la responsabilité que la Commission fait peser sur lui. Il coûte au Trésor 1,500,000 francs. Je crois qu'il lui coûtera davantage avant peu; mais enfin, les caisses de retraites subviennent encore, avec leurs seules ressources, à 10,000,000 de charges, pour rémunération de services très-réels dont le plus grand nombre, au défaut de ces caisses, auraient été récompensés par le Trésor lui-même; et, sous ce rapport, le système des retraites fondées sur des retenues, a allégé le fardeau de l'État. Dans tous les cas, c'est d'un million et demi qu'il s'agit pour 1832; c'est de 3 ou 4 millions qu'il s'agira dans deux ans, sauf modification du système ; et quelque considérable que soit cette dernière somme, 4,000,000 ne feront toujours pas 103,000,000.

J'ai dû exposer avec précision l'état de la question financière, afin de détruire, s'il était possible, l'effet du tableau extrêmement rembruni que la Commission a mis sous nos yeux. Il importe fort de se prémunir contre toute illusion d'optique, car autre chose est de se plaindre de l'élévation des charges rémunératoires que le Trésor seul supporte, ou bien de donner à penser que si ces charges sont énormes, c'est au système de retraite des administrations qu'on le doit. Après avoir, dans un état très-bien fait, distingué les retraites payées par les caisses de retenues, des pensions que le Trésor acquitte, il ne fallait pas les confondre dans le raisonnement ; et de ce rapprochement des retraites et des pensions, je ne conclurai même rien contre celles-ci, sinon qu'au fur et à mesure des extinctions, il sera sage de les ramener au chiffre qui s'accorde le mieux avec la situation de nos finances. Quant au principe sur lequel reposent les pensions payées par le Trésor, il a été tenu pour bon dans tous les temps et chez tous les peuples. Partout, les services éminens rendus au pays ont donné droit à des récompenses nationales, et les pensions dont je parle ne sont pas autre chose.

Retenons bien que les *pensions* et les *retraites* n'ont de commun, en langue financière, que la faculté de récompenser d'anciens services, mais, qu'à tous autres égards, les deux mots expriment des choses différentes. Le Trésor paie les pensions ; il ne paie pas les retraites. Ce qui place les retraites dans une catégorie extrêmement favorable, c'est que les caisses qui ont mission d'y pourvoir, s'alimentent au moyen de retenues sur les traitemens. En principe, elles ne doivent rien coûter au Trésor, et jusqu'à présent je n'ai eu à m'occuper que du principe (1).

Si la pensée de la Commission est que la création du système des retraites a pu mettre un peu trop en goût des pensions, je m'y associerai volontiers, mais sans jamais aller jusqu'à reprocher aux caisses de retraites un mal sur l'existence duquel elles n'ont exercé que la plus petite influence ; et le contraire fût-il vrai, je ne dirais pas encore qu'on a eu tort de les établir. On ne rejette pas une institution par la seule raison qu'elle entraînera quelques inconvéniens ou donnera lieu à quelques abus. Autrement on n'en créerait jamais une seule. En fondant le système des retraites, il aurait été sage de soumettre la

---

(1) La distinction que je viens d'établir entre les *retraites* et les *pensions*, n'empêche pas qu'on ne puisse se servir à-peu-près indifféremment de l'un de ces mots pour l'autre. J'ai voulu seulement montrer que, financièrement, ils n'exprimaient pas toujours la même chose.

pensions à un régime plus sévère, de mieux déter-
miner à quels services elles devraient aller, quels
titres y donneraient droit, dans quelles limites il
serait convenable de les restreindre. Ce qu'on aurait
dû faire alors, on l'a fait depuis. Des pensions dont
la loi proportionne la quotité aux services, dont
l'autorité compétente discute les titres, dont le
Gouvernement publie le chiffre dans les bulletins
officiels de ses actes, offrent assez de garanties pour
que la susceptibilité la plus ombrageuse y trouve
désormais complet apaisement. Au besoin, la presse
est là pour donner l'éveil. Ceci répond à ce que dit
la Commission des *grâces pécuniaires d'autrefois;* car
c'est précisément parceque le temps des grâces pécuniaires est passé, qu'il a fallu substituer à ce procédé rémunératoire, contraire à la raison, à nos
mœurs, à nos formes nouvelles, un mode légal qui
fît de la récompense un droit commun, et de ce qui
était faveur, un acte de justice. Applaudissons à
tous ces changemens, et perfectionnons sans détruire.

L'établissement des caisses de retraites est fondé
sur cette vérité d'expérience que la prévoyance manque ordinairement aux titulaires de petites places, et
que le Gouvernement doit en avoir pour eux. C'est
une vue morale et paternelle, mais dont l'application frise l'outrage dès qu'on l'étend à des services
d'un certain ordre. La Commission trouve étrange
(p. 36) que les magistrats, que les ambassadeurs,

soient assujettis à une retenue sur leur traitement,
et que les préfets en soient exempts. Elle aperçoit là
un contresens. J'y vois quelque chose de plus. Je
vois, dans des retenues de traitement subies par
des préfets, par des magistrats, par des ambassadeurs, une grande inconvenance. Il ne faut pas sup-
poser le manque d'ordre dans des hommes placés si
haut, ni s'imaginer que les mêmes procédés rémunératoires aillent indifféremment à toutes les positions. En France, l'argent, prix ou récompense des
services, a toujours emprunté aux formes mêmes qui
en accompagnent l'offre, la plus belle partie de sa
valeur, et voilà pourquoi notre langue, inter-
prète de la délicatesse de nos mœurs, est si riche
en mots qui pourtant n'expriment qu'une seule
chose : *le salaire.*

Pour bien apprécier le système des retraites fondées sur des retenues d'appointemens, et savoir
quels avantages il a produits, il faut se reporter
au temps où il a été créé. Le premier essai en fut
fait en 1795 sur l'administration des domaines.
Deux ans après, on l'étendit à l'administration des
douanes par une loi qui a, depuis, servi de type pour
les autres services financiers. A la première de ces
deux époques, les traitemens se payaient encore en
papier. Le 21 avril 1797, date de la loi dont je viens
de parler, il y avait près d'un an que l'argent avait
remplacé les assignats. Il n'en faudrait pas induire

que les places étaient alors fort recherchées : elles ne l'étaient pas du tout. Je pourrais citer, et je serais plus à même de le faire que personne, tel sujet qui, n'ayant pas 20 ans, débuta dans les douanes, en 1797 même, avec un traitement de 2,000 francs, et sans surnumérariat d'aucune sorte, le surnumérariat n'existant pas alors. Tout changea avec la création du système des retraites. On comprit que la stabilité allait renaître, que certains services offriraient de l'avenir, et cette opinion s'accrédita tellement qu'un an après, le surnumérariat ayant été établi, il fallut refuser beaucoup de postulans. L'administration put enfin choisir ses sujets. Elle en recruta de très - distingués qui sont tous arrivés aux emplois supérieurs. Quelques-uns sont morts ; c'est le cours naturel des choses; mais elle en a d'autres à regretter ! Et pourquoi faut-il que ceux-ci aient été brisés par les tempêtes politiques, toujours si fatales aux hommes de conscience, d'énergie et de talent !

Je ne veux pas attribuer au système des retraites plus d'influence qu'il n'en a exercée. Il n'aurait pas créé à lui seul cette stabilité qui lui était nécessaire pour donner tous ses fruits ; mais il l'a préparée, il l'a fondée ; et quand Napoléon vint, il trouva sur quoi bâtir. Voyez comme tout s'enchaîne : les caisses de retraites avaient préparé la stabilité administrative ; l'instabilité administrative a préparé la ruine des caisses de retraites. La Commission a traité cette partie du sujet fort briévement puisqu'elle n'y a consacré que deux lignes. Mais n'anticipons point.

Le moment le plus périlleux pour les caisses de retraites , fut précisement celui où on les institua. Comment se peut-il que ce soit après 37 ans d'existence , qu'on parle de les supprimer ? Je prie qu'on pèse les considérations qui vont suivre.

Le jour où il fut décidé que les domaines, que les douanes auraient des caisses de retenues , évidemment ces caisses ne possédaient rien. Cependant, on se mit aussitôt à liquider des retraites. A qui les donna-t-on ? à des employés qui avaient servi 3o ou 4o ans, *sans rien fournir à ces caisses* , puisque, pour eux , le système datait d'hier. Il en fut ainsi l'année d'après et toutes les années suivantes, sauf qu'à mesure qu'on avançait d'un an, les nouveaux retraités avaient subi la retenue un an de plus. Cet état de choses a duré jusqu'en 1820 ou 1822 pour les employés admissibles à la retraite après 25 ans de services , et jusqu'en 1825 ou 1827 pour ceux qui ne le sont qu'après 3o. Ainsi, tous les employés retraités durant cette longue période, l'ont été au moyen de retenues que beaucoup n'avaient pas subies, et auxquelles deux sur quatre , terme moyen, n'avaient pris part que pendant la moitié de leur carrière administrative.

Ceci revient à dire que , pendant les quinze pre-

mières années de leur existence , les caisses de retraites n'ont marché qu'avec la moitié de leurs ressources , quoiqu'elles fussent grevées de la totalité de
leurs charges. Or, la Commission reconnaît qu'elles
ont prospéré long-temps. Si le rapprochement que
je viens de faire s'était présenté à sa pensée , infailliblement elle serait arrivée à d'autres conclusions.
Elle aurait jugé qu'il était de l'essence des caisses
de retraites de prospérer toujours.

La position brillante où s'est trouvée , dès les
premiers temps , la caisse des retraites de l'administration des impositions indirectes , tient à des causes
particulières. Pour les impositions indirectes , la
caisse et l'administration furent créées simultané-
ment. Excepté pour les cas de blessures reçues dans
l'exercice des fonctions, il n'y avait là aucune retraite
possible avant 25 ou 30 ans. On explique ainsi les
12,000,000 que cette caisse avait accumulés et qui
existaient encore en 1825. Je parlerai ailleurs de
l'emploi qui en a été fait. Ce fut une grande injus-
tice ; et dans le système même qu'on adopta alors,
on pouvait atteindre le même but sans léser aucun
intérêt. A quoi servirait aujourd'hui de dire par quel
moyen ?

Si les caisses de retenues des autres administrations , placées dans une position moins heureuse ,
puisqu'elles avaient beaucoup à payer et peu à rece-
voir, se maintinrent et prospérèrent, ce fut par l'effet

de leur bonne gestion et de l'esprit de stabilité qui régnait alors. Il suffit de savoir que jusqu'à la Restauration, on n'avait retraité que des employés dont la cotisation avait été nulle ou très-faible, que cette cotisation était alors moitié moindre de ce qu'elle est aujourd'hui, et qu'enfin, en accordant la reversibilité aux veuves, on leur avait fait une part trop large, fort réduite depuis; il suffit, dis-je, de se rappeler toutes ces circonstances, pour reconnaître qu'on se presse beaucoup trop d'accuser l'institution. Certes, les quinze années d'existence prospère qui ont marqué ses débuts, en font l'éloge le plus complet et le plus magnifique.

Dans les douanes, quelques embarras se manifestèrent en 1812. On avait chargé la caisse de cette administration du paiement des pensions des anciens employés des douanes de la Ligurie et de la Toscane, pays récemment réunis à la France. Je crois me rappeler que, depuis, on en usa de même pour ceux de l'Etat romain. C'étaient de nouvelles charges. On porta la retenue sur les traitemens de 2 à 3 pour o/o, celle sur les saisies de 15 à 20, et l'on y ajouta le produit des vacances d'emplois, quand elles n'excéderaient pas 30 jours. Un an après, plusieurs directions de douanes, qui avaient été forcées par l'ennemi de lever les lignes, furent employées militairement pour le repousser. Sur un seul point, nous eûmes 4,000 hommes sous les armes. Ce fut

alors que nous concourûmes à la reprise de Ham-
bourg. L'administration y perdit plusieurs de ses
chefs, beaucoup de ses plus vaillans préposés; nous
eûmes bien des invalides à retraiter; bien des veuves,
bien des orphelins à secourir; mais lorsqu'après un
combat meurtrier, et au moment d'entrer dans la
place qui venait de se rendre, le général en chef
fit arrêter la colonne et placer les employés des
douanes en tête, pour qu'il fût parfaitement compris qu'à eux surtout revenait l'honneur de la
campagne, l'administration put penser qu'elle avait
bien mérité du pays et s'énorgueillir d'une feuille
de laurier si noblement donnée par ceux-là mêmes
qui le cueillaient à pleines mains.

Qu'on me pardonne ces souvenirs. Ils honorent
l'administration à laquelle j'appartiens et jaillissent
de mon sujet. On voit donc que dans les pensions
payées par notre caisse de retraites, se trouve aussi
le prix du sang versé pour la patrie, que la guerre
est au nombre des causes qui en ont accru les charges ; et comme les mêmes circonstances ne sont
guère de nature à se reproduire, peut-être en sera-
t-on plus disposé à séparer de l'institution même,
les vicissitudes nombreuses qui, à la fin, l'ont en-
travée dans sa marche.

En résultat, deux périodes distinctes pour les
caisses de retraites.

1.re période — de 1795 à la Restauration, 19

ans. — L'institution marche et prospère, quoique avec des ressources faibles en présence de charges fortes, surtout dans l'origine.

2.ᵉ période — de 1814 à 1827. — Charges toujours croissantes. — Insuffisance des ressources, quoique considérablement augmentées (A). — Nécessité prochaine de subventions annuelles.

Abordons-la cette seconde période, et armons-nous de quelque courage en présence de tous les malheurs qui vont la signaler.

Il y en a eu de bien des sortes, et ils peuvent s'expliquer de bien des manières.

La France, resserrée dans ses anciennes limites, vit se replier sur elle-même cette foule d'administrateurs et d'employés dont elle avait richement doté les pays conquis. Les plus vieux furent mis à la retraite.

Les employés jeunes, qui pouvaient encore servir long-temps, demandèrent des places dans l'ancienne France, où pourtant il n'en vaquait point. On en fit vaquer. Les employés les plus âgés de l'ancienne France, et les plus âgés n'étaient pas vieux, furent mis à la retraite.

L'administration des douanes vit aussi revenir

(A) Cette note et quelques autres plus particulièrement consacrées à des rapprochemens de chiffres, seront reportées à la fin de l'ouvrage où on pourra les lire sans interrompre le discours.

des départemens anséatiques, des départemens du Rhin, de la Hollande, de l'Italie, de l'Illyrie, tout ce qu'elle y avait envoyé de préposés de brigades. On dut en licencier beaucoup. D'autres, pour rentrer en France, avaient eu des engagemens avec l'ennemi, ou avaient été maltraités par des populations devenues hostiles. Les blessés furent mis à à la retraite.

La transition du régime impérial à la Restauration fut donc, pour les caisses de retraites, un événement fort triste. Ce n'est pas tout.

La Restauration avait promis de conserver à chacun ses *honneurs et emplois*. Ce furent, je crois, ses expressions. Elle conserva les honneurs si, par ce mot, on entend les titres. Elle ne conserva pas les emplois, et à vrai dire, elle avait eu le tort de le promettre ; mais le remue-ménage une fois fait et bien fait, il fallait s'y tenir. On le fit mal. Depuis, des circonstances toujours imprévues, ont si souvent forcé d'y revenir, et avec des vues si contraires, que rien n'a pu prendre racine. De mai 1814 à janvier 1831, je compte, pour les seules administrations financières, six organisations successivement essayées. Pense-t-on que ces remaniemens continuels, qui ne tenaient pas tous aux événemens politiques, aient pu s'effectuer sans grand dommage pour les caisses de retraite ? Désormais, on ne fera plus une faute qui ne retombe sur elles ; et même

BIBLIOTHÈQUE NATIONALE — R. F. — IMPRIMÉS

quand on n'eff fera pas, quand , par exemple , on poursuivra des réformes utiles, des économies désirables , ce ne pourra être encore qu'à leurs dépens. Voyons comment tous ces effets se sont produits.

En 1816, on a supprimé les directeurs des impositions indirectes. On pourrait croire que la mesure était bonne ? Non ; car sept ans après , on a rétabli les mêmes places qui ont été données à des sujets nouveaux. Il y a autant de directeurs des impositions indirectes que de départemens , 86 par conséquent. Ceux de 1816 étaient, pour la plupart, des hommes encore jeunes, et, jeunes ou vieux , ils n'avaient que douze années de service , leur administration datant comme eux de 1804. On ne leur en devait pas moins un dédommagement. Qu'a-t-on fait pour eux ? On les a mis à la retraite. (B)

A la fin de 1829 , on a senti le besoin de réduire le nombre des chefs de services, dans les domaines , dans les douanes , etc. , de faire de chaque grade plusieurs classes, d'élever un peu les petits traitemens. L'opération n'aurait pu s'effectuer en quinze ans, si on ne s'était brusquement séparé des employés dont la présence formait obstacle. Qu'a-t-on fait de ces employés ? On les a mis à la retraite.

J'ouvre l'almanach royal, et je vois que deux ans ont suffi pour que dans l'un des services qui se rattachent à l'impôt, 15 directeurs sur 27 aient été éliminés. Pourquoi ? Question inutile. Qu'a-t-on fait pour eux ou contre eux? On les a mis à la retraite.

Dans les premiers jours de 1831, l'administration financière a été attaquée dans ses sommités. Directeurs généraux, administrateurs, chefs de division, tout disparut à la fois. La foudre ne frappe pas avec plus d'impétuosité. Ces hommes avaient le tort de coûter un peu cher. Ils en avaient un autre; ... ils défendaient avec chaleur tout ce que, dans l'intérêt de leur service, ils croyaient devoir défendre. Ils sont tombés; rien de plus ordinaire; mais qu'a-t-on fait d'eux? on les a mis à la retraite.

Je ne sais pas qui on n'a pas retraité; et c'est pour moi un prodige que les caisses de retraites n'aient pas sombré, il y a dix ans. Si, dans un sujet si triste, on pouvait hasarder une plaisanterie, je dirais qu'il ne reste plus que les caisses de retraites à mettre à la retraite. Elles ont bien servi, et franchement un peu de repos ne leur ferait pas de mal.

Ce qui suit est très-sérieux :

Un jour, dans l'une des administrations financières, surgit un homme qui *veut* une direction. Le ministre ordonne qu'on fasse vaquer une direction. Un directeur est donc mis à la retraite, et avec quelles circonstances, grand Dieu ! Du moins le successeur de l'honnête homme sacrifié va se produire avec éclat ? Non ; à peine installé, il s'oublie ! On le destitue sans doute? Non, on le met à la retraite.

Ne me demandez pas le nom de ce favori du pouvoir : je l'ai oublié ; ni le nom du ministre : je ne l'ai jamais su. D'ailleurs le premier est mort, et je crois que l'autre ne ressuscitera pas.

On me dira peut-être, que le fait que je viens de citer prouve à quels abus peut donner lieu la facilité d'accorder des retraites, et que c'est précisément pour y remédier qu'il faut anéantir tout le système. Alors reconnaissons que le médecin qui tue son malade est le premier logicien du monde, car il est incontestable qu'en tuant le malade, il tue aussi la maladie.

On comprend, sans que je le dise, que l'homme pour lequel on s'était montré si odieusement complaisant, était un *homme politique.* C'étaient des opinions politiques qu'on voulait récompenser en lui. Eh bien ! ce sont les hommes politiques, les circonstances politiques qui, se reproduisant chaque jour, dans tous les sens, sous toutes les formes comme sous toutes les couleurs, ont, depuis dix-huit ans, si puissamment concouru à cet excès de charges dont le poids accable nos caisses de retraites. Appuyons le raisonnement de quelques chiffres. Ceux que je vais citer parleront très-haut.

La moyenne des trois années 1825, 1826, 1827 donne, pour les retraites accordées aux employés de l'administration des finances, 361,000 fr. ; la moyenne de 1830, 1831 s'est élevée à 1,130,000 fr.; différence en plus 769,000 fr. Les comptes officiels d'où j'extrais ces renseignemens (1), avouent que l'élévation des charges a *été prodigieuse*, et l'attribuent aux réformes. Les réformes y sont pour quelque chose, les circonstances politiques pour beaucoup plus ; mais pour les réformes, il y a eu du moins économie au profit du Trésor. Le dernier compte cité l'évalue à 4,000,000. Alors les caisses de retraites ont, sur ce seul article, vu diminuer leurs ressources de 200,000 fr., produit des 5 p. °/₀ de retenues qu'elles ont cessé de percevoir, et les dépenses de ces caisses se sont élevées extraordinairement de 769,000 fr., montant de la différence entre les années moyennes des deux périodes, ce qui fait, au total, près d'un million de surcharge pour chacune des années 1830 et 1831 (2). On voit donc que quand le Gouvernement met à la retraite pour raison d'économie, les caisses de retraites perdent de deux manières. Elles touchent moins. Elles paient

---

(1) Compte récapitulatif du mouvement des pensions pour 1825, 1826, 1827, publié par le ministère des finances, page 3.

Autre compte pour 1825, 26, 27, 28, 29, 30 et 31, page 4.

(2) Il y a eu d'autres causes de préjudice pour les caisses de retraites. Le dernier compte s'exprime ainsi : *Le produit des amendes, saisies, confiscations, a aussi singulièrement diminué, notamment dans les contributions indirectes, depuis la révolution de juillet.*

davantage. Or, voilà ce qui se passe depuis dix-huit ans, tantôt pour un motif, tantôt pour un autre. Et l'on s'étonne qu'elles ne subviennent plus à leurs dépenses ! Mais à qui donc s'en prendre : A l'institution ? Ceux à qui on la doit ne pouvaient pas prévoir que les administrations deviendraient de vraies toilettes. — madame : aux retraités? Beaucoup n'ont quitté le service qu'à leur corps défendant : aux administrations ? Le plus souvent elles ont retraité malgré elles. N'accusons personne. Disons que les temps ont été adverses, les circonstances impérieuses, et voyons à sortir d'embarras sans blesser la justice.

Ici va naturellement se placer la partie morale de la question. La justice veut-elle que des employés payés pour les services qu'ils rendent, au fur et à mesure qu'ils les rendent, trouvent, quand l'âge et les infirmités les atteignent, quelque abri contre la misère, quelques ressources contre la faim ? Si le principe de ce genre de rémunération, principe dont le système actuel des caisses de retraites n'est que la conséquence, ne repose pas sur un droit absolu, le Gouvernement n'a-t-il pas un intérêt direct à le consacrer? Enfin, et consacré qu'il est par trente-sept années d'existence, sera-t-il loisible à la société de le renverser, quand une génération tout entière d'administrateurs s'est dévouée au service de l'État, sur la foi d'un traité dont l'État lui-même avait réglé les conditions ?

Ces questions étaient trop graves, elles dominaient le sujet de trop haut pour que la Commission cherchât à les éluder. Elle les aborde donc ; mais peut-être les a-t-elle plutôt tranchées que résolues, en posant quelques principes généraux fort contestables, selon moi. L'examen approfondi que j'en vais faire, utile sous plus d'un rapport, ne nous écartera momentanément du fond même du sujet que pour nous donner le moyen de le mieux éclaircir ensuite. J'espère qu'on n'y verra pas un hors-d'œuvre, et je ferai surabondamment remarquer que n'ayant pas choisi le terrain, force est pour moi de l'accepter et d'y suivre la Commission.

Après s'être occupée du sort de la magistrature, des armées de terre et de mer, et des divers services qu'on récompense aujourd'hui par des pensions (qui ne sont pas des retraites), la Commission descend aux fonctionnaires des administrations à *retenues*. Voici le principe qu'elle établit pour eux :

« Quant aux fonctionnaires qui n'ont qu'un em-
» ploi révocable à la volonté du Gouvernement,
» et *qu'une heureuse préférence* met à même de se
» créer *une situation sociale* par la considération qui
» s'attache toujours à ceux qui servent bien leur
» pays, et quant aux employés pour lesquels l'obs-
» curité des services nécessite une rétribution pécu-
» niaire, juste appréciatrice de la valeur du travail
» demandé, *la société n'a point fait avec eux un*

» *contrat à vie ;* elle s'acquitte annuellement. »
(page 36.)

La Commission, comme on le voit, range en deux classes les services rendus à l'Etat : *services obscurs*, un salaire leur suffit ; *services élevés*, au salaire qui les paie, vient se joindre la possibilité de se créer une *situation sociale.* Satisfaits de *l'heureuse* préférence dont ils ont été l'objet, les hauts fonctionnaires n'ont rien de plus à demander à l'Etat.

Examinons :

Dans des temps calmes, sous les gouvernemens bien assis, les hauts emplois sont toujours, pour ceux qui y arrivent, une sorte d'appel à l'estime publique. Cela est fondé sur l'opinion où l'on doit être, que le Gouvernement fait de bons choix, et que si, par ces choix, il augmente la considération de l'homme qu'il préfère, ou plutôt qu'il adopte, cet homme jouissait déjà d'une considération toute personnelle, à laquelle les services qu'il va rendre donneront encore plus de relief. Voilà ce qui se passait dans l'ancien régime, non pas parce qu'il était l'ancien régime, mais parce qu'il durait depuis long-temps. Il avait suffi à Napoléon de quelques années pour obtenir les mêmes avantages et de beaucoup plus grands. C'était, pour les deux époques, la conséquence d'une stabilité de choses et d'hommes sans laquelle on ne peut plus voir dans les places qu'une loterie. Je prends la liberté de demander à la Commission si je ne caractérise pas ainsi très-bien ce qu'elles sont devenues depuis la Restauration.

Bien loin donc d'admettre que les fonctionnaires trouvent dans les places qu'ils occupent le moyen de se créer une *situation sociale*, j'établis positivement que les hommes qui, sans place, ont réussi à se créer cette situation, n'ont rien de mieux à faire pour la perdre que d'accepter des fonctions publiques salariées ; et nous voyons en effet que les choses se passent ainsi tous les jours.

La défaveur dans laquelle sont tombés les fonctionnaires publics de tous les rangs, tient à bien des causes. La principale est que le Gouvernement a tué leur influence en en faisant abus. Dès qu'on ôte à un homme *qui n'a pas de fonctions politiques,* le droit d'avoir une opinion politique, parler de la considération que cet homme peut se créer est un contre-sens. Je ne dirai pas que les fonctionnaires publics sont aujourd'hui au dernier rang de la hiérarchie sociale : ce serait trop dur. Je dis qu'ils sont en dehors de cette hiérarchie, et si le mot gagne en vérité, il ne perd rien en force.

Sans doute il existe encore des fonctionnaires publics considérés ; mais si la considération est venue chercher ceux-là, ce n'est pas à cause de leur place, c'est malgré leur place ; et puisque la considération a cessé d'être inhérente aux places et aux services administratifs, on ne peut plus soutenir qu'elle les récompense.

Le Gouvernement a tout à perdre à cette défaveur sous laquelle gémissent ses agens, et cependant il a été réduit à cette extrémité de la consacrer et de l'augmenter lui-même par des exclusions d'éligibilité qui n'étaient qu'une concession à l'opinion. Depuis dix-huit ans, combien était-il entré de directeurs des administrations financières à la Chambre ? Un seul je crois. Bien moins encore auraient-ils pu y arriver désormais. Alors, à quoi bon leur en interdire l'accès. (1)

Dira-t-on que c'était de peur qu'ils n'abusassent de leur influence ? Quelle influence que la leur ! L'influence d'hommes qui n'ont de rapports avec les électeurs que pour veiller à ce que l'argent passe le plus vîte possible de leur poche dans les caisses du trésor ! Faites qu'on tolère, qu'on protège vos administrateurs financiers, et ne parlez jamais de leurs moyens d'action sur les populations.

La Commission elle-même a si bien compris ce que la position des fonctionnaires a de misérable aujourd'hui, qu'elle s'est crue obligée de relever leur espoir par la promesse d'un avenir meilleur. « La considération sera chaque jour plus appréciée, » ses effets seront plus marquans, *alors qu'il y aura*

---

(1) L'exclusion n'est que locale. En réalité, elle est absolue ; et une exception ne prouverait rien. On l'expliquerait par des circonstances particulières.

» *moins de mobilité dans le personnel des services.* »
La Commission avoue donc que cette mobilité
existe, et alors je répondrai qu'elle dure depuis dix-
huit ans, qu'elle est comme passée en droit ; qu'en
admettant qu'on rende aux places la stabilité qui en
fait le principal prix, encore faudrait-il un temps
assez long pour qu'après tant de secousses, l'opinion
pût y croire ; que, par conséquent, le moment de
parler aux hommes publics de la situation sociale
que le Gouvernement leur permet de se faire, n'est
pas bien choisi, quand il est avéré que le maximum
possible de la considération pour les plus heureux,
les plus méritans, ou les plus habiles, est qu'on les
juge sans songer au budget, au budget qui leur
enlève, certainement, en procédés, en confiance,
en déférence, cent fois au-delà de ce qu'il leur donne
en argent. Et je parle ici des fonctionnaires placés
le plus haut, à commencer par les préfets, ce qui,
pour le dire en passant, réduit de beaucoup l'étendue
des services qu'ils peuvent rendre.

Je suis très-porté à penser que, sous le rapport
politique, les administrations ont désormais moins
de chances de bouleversement à courir. Ma raison
est que dès ce moment, et dans certains services,
les hommes manquent aux places. Cela fera ouvrir
les yeux ; mais assez rassuré sur ce point, d'autres
alarmes naissent de ce besoin, qui nous tourmente
sans cesse, d'organiser, de réorganiser, c'est-à-dire,

de désorganiser. Cela durera tout aussi long-temps que nous n'aurons pas une loi qui fixe en quatre articles, de trois lignes chacun, la hiérarchie des administrations financières. Je sais parfaitement que les lois ne sont pas éternelles; mais je sais encore mieux comment se préparent, s'obtiennent, s'exécutent, vivent et meurent les ordonnances. Du moins les lois appellent une discussion publique. Avant qu'elles soient rendues, on peut éclairer l'opinion. Les ordonnances agissent à la manière de la bombe dont, trop souvent, elles rappellent les effets.

Plus de stabilité dans les emplois, et dans les positions administratives, produira pour les hommes attachés à l'administration quelques-uns des bons résultats que leur promet la Commission; mais ce serait une grande erreur de croire que jamais la carrière des emplois publics puisse, sous le rapport de la considération, offrir le même attrait qu'autrefois. Sous le Gouvernement représentatif, la première condition pour se faire une situation sociale, *c'est de ne dépendre que de soi et de la loi.* Voilà le principe. Que le Gouvernement en atténue les conséquences, autant qu'il le peut, par plus de bienveillance envers ceux qui se vouent à son service, son propre intérêt le lui commande; mais qu'il se donne bien de garde de nous présenter comme un avantage ce qui est au contraire un immense inconvénient.

Ainsi, et quoi qu'il advienne, les hommes publics placés le plus haut dans l'échelle du pouvoir, doivent renoncer à cette sorte d'éclat qui s'attachait à leur personne et qui rehaussait leurs fonctions, quand ils les remplissaient sous un *maître,* seul juge de leurs actes et de ce qu'il appelait leur dévouement. L'autorité du Roi, dans l'ancien régime, celle de Napoléon, sous le gouvernement impérial, se reflétaient dans les administrateurs de leur choix bien plus et bien autrement que cela n'est possible aujourd'hui, sous un souverain qui est lui-même soumis à des conditions nouvelles de puissance et d'existence. C'est ce que la Restauration n'avait pas compris, erreur qui a eu plus de portée qu'on ne le croit.

A ces considérations générales, applicables surtout à la tête de l'administration, il faut en joindre d'autres qui, quoique descendant plus bas, ne paraîtront peut-être pas indignes d'être exposées, et achèveront de prouver que pour les petits emplois, comme pour les emplois élevés, rien de ce qui existait naguère ne subsiste aujourd'hui. Dans l'ancien régime, les commis étaient des personnages. Sortis de la bourgeoisie, ils se croyaient bien audessus. Ils portaient l'épée, ils marchaient le chapeau sous le bras. Nos mœurs se prêtaient à ces futiles distinctions dont le Gouvernement tirait profit, sans qu'il payât pour cela en monnaie de singe des travaux auxquels la considération publique s'attachait par l'effet de ces distinctions mêmes. Des raisons d'un autre ordre donnaient aux places un grand charme. L'administration était éminemment paternelle. Les emplois, en quelque sorte immobilisés dans les familles, passaient des pères aux enfans, ce qui rendait les retraites moins nécessaires. Le plus souvent les titulaires mouraient en fonctions. Dans l'ancien régime encore, l'administration avait adopté pour maxime que, jusqu'à preuve contraire, tout fonctionnaire était réputé honnête homme. Nous, nous faisons l'inverse, sans qu'hélas ces preuves de probité auxquelles nous assujettissons tous les quinze jours, plus ou moins, nos subordonnés, empêchent le mal quand il doit arriver. De toutes ces différences, je ne conclus rien contre l'administration contemporaine. Les unes se lient aux progrès de la civilisation, les autres tiennent à quelques erreurs de doctrine dont le temps fera justice. Existent-elles? voilà ce que je demande. Or, s'il est vrai que la position des fonctionnaires publics ait complétement changé, et qu'en réalité elle soit devenue moins douce, il fallait bien leur offrir quelque compensation. C'est ce qu'a fait le système des caisses de retraites. N'y touchons que pour l'améliorer.

La Commission parle de *l'heureuse préférence* qu'obtiennent les fonctionnaires promus aux emplois *qui ne sont pas obscurs.* Il faut savoir comment la Commission l'entend : cette préférence, heureuse pour les fonctionnaires, l'est beaucoup plus pour le Gouvernement, car le Gouvernement a besoin d'hommes capables, tandis que les hommes capables n'ont pas besoin du Gouvernement. Quand Napoléon rencontrait dans l'administration un homme supérieur, il le grandissait ; et que disait-il, si on lui parlait de reconnaissance : « Je n'ai rien fait pour » vous, j'ai tout fait pour *moi*, » ce qui signifiait *pour l'État;* et le mot, ainsi rectifié, exprime parfaitement pour qui les choix, lorsque le mérite les justifie, sont une préférence heureuse.

Beaucoup de personnes croient que la capacité est fort commune. Qu'elles se désabusent. L'esprit court les rues. Pour la capacité, qui se compose de la spécialité et du talent, rien de plus rare. J'ai été en position de chercher des hommes en qui ces deux conditions se rencontrassent, et, quelqu'étroite que fût la sphère où je me mouvais, j'ai toujours eu plus de places à donner, que je n'ai trouvé de sujets aptes à les remplir. J'ai vu ce qui se passait ailleurs, et j'ai reconnu qu'Arlequin avait raison : *Tutto il mondo è fatto come nostra famiglia.*

L'estime qui peut naître désormais de l'exercice de fonctions publiques, ainsi appréciée, passons à une autre question : Est-il vrai qu'entre le Gouvernement et les fonctionnaires, il n'existe pas de contrat à vie ?

J'accorde que le contrat à vie n'existe pas, s'il s'agit de places auxquelles on arrive à tout âge, quelque carrière qu'on ait suivie auparavant, de ces places qui peuvent être indifféremment remplies par la plupart de ceux qui les demandent. Dans ce cas, l'homme *préféré* l'a été *heureusement* pour lui, car on aurait pu choisir entre mille autres ; mais il ne se passe rien de semblable dans les administrations qui ont des caisses de retraites. Il faut y débuter jeune. C'est la conséquence de réglemens précis, fort sévèrement appliqués. Il y faut faire un surnumérariat, et, pour être admis à ce surnumérariat, il faut subir un examen qui suppose des études antérieures. Pendant le surnumérariat, qui dure 3, 4 et jusqu'à 6 ans, le Gouvernement n'alloue ni traitement, ni indemnité. En retour, le Gouvernement promet justice, appui, bienveillance, ce qui implique tous les avancemens ultérieurs possibles, s'ils sont mérités, parcequ'alors ce n'est plus une *préférence*, mais une *dette*. Depuis 37 ans, le Gouvernement promet davantage. Il promet, il accorde retraite. Si ce n'est pas là un contrat à vie, il n'en existe plus au monde.

Je dis donc qu'il y a contrat, contrat à vie ; et je n'en connais pas de plus sacré, puisque, pour l'une des parties, il engage l'existence tout entière. En effet, quel est l'homme qui, après le sacrifice de ses plus belles années, voudra passer d'une carrière dans une autre ? Il le voudrait qu'il ne le pourrait pas, car à quoi serait-il propre ?

Et c'est aujourd'hui, c'est quand il n'existe plus dans nos administrations financières un seul sujet qui n'y soit entré sur la foi de ce contrat, qu'on pourrait se résoudre à le rompre ! Non. Il n'en sera pas ainsi ; et la Commission elle-même n'insistera pas.

L'examen que je viens de faire des principes posés par la Commission, sur ce que j'appelle la partie morale de la question, me dispense de rechercher si la rémunération des services administratifs par des retraites, est ou n'est pas *de droit absolu*. Je ne sache pas que le droit absolu ait été invoqué par les auteurs du système, qui voulurent être justes, sans doute , mais qui bien loin de se préoccuper d'intérêts privés, ne se proposèrent qu'un seul but, *la bonne et fidèle gestion de tous les services*. Absolu ou non, aujourd'hui le droit existe. 29 années de possession pour les impositions indirectes, 35 pour les douanes, 37 pour les domaines, autant pour les forêts, témoignent suffisamment de la réalité du contrat , et sont, dans toutes les hypothèses , d'assez bons titres à produire , sans que les secours demandés au Gouvernement les infirment en rien , leur nécessité tenant à des causes auxquelles le Gouvernement lui-même n'a pas été étranger. La Commission , malgré l'extrême sévérité de ses déductions , a parfaitement jugé qu'il ne fallait pas que les fonctionnaires , dont l'âge et les infirmités paralysent le zèle , tombassent dans la misère en cessant de servir. Je ne lui en demande pas davantage. Reste maintenant à savoir si le mode que la Commission voudrait substituer aux caisses de retraites, ou les modifications dont la Commission du budget a cru le système actuel susceptible, atteindront le but que toutes deux se proposent. Avant de dire ce que j'en pense, j'ai à parler de la catastrophe que les caisses de retraites des administrations financières ont éprouvée il y a 8 ans. Je jugeai alors qu'on serait vîte conduit à demander leur suppression. C'est donc bien du mot *catastrophe* que j'ai dû me servir pour caractériser ce grave événement.

Il s'agit de l'ordonnance du 12 janvier 1825 qui a réuni toutes les caisses de retenues du département des finances en une seule. Je rappelle que ces caisses étaient alors au nombre de sept : *employés du ministère, domaines, douanes, contributions indirectes, forêts, postes, loterie*, et que jusque-là chaque administration avait géré la sienne. L'ordonnance fut élaborée au ministère des finances, non pas précisément à la sourdine, mais sans qu'aucune des administrations intéressées eût été appelée à émettre son vœu, ce qu'on ne croira pas. Je suis certain que quelques-unes trouvèrent le moyen d'exprimer leur pensée. On n'en tint nul compte ; on leur en sut même mauvais gré. Dans d'autres temps, avec d'autres hommes, c'eut été pour les administrations le moment de montrer du nerf et de se dévouer. Dix fois l'occasion s'en est renouvelée depuis ; mais pour que le dévoûment éclaire et profite , il faut que les hommes appelés à en donner l'exemple aient , par leurs antécédens et leurs lumières, une autorité personnelle qui impose. On ne pouvait pas l'exiger des directeurs généraux de 1825. Pris en dehors des administrations confiées à leurs opinions politiques plus qu'à leurs connaissances , il n'était pas dans les conditions de leur existence de prêter de l'appui à leur service. Pressés , soufflés par les administrateurs placés en-dessous d'eux , et qui en savaient plus qu'eux , ils montaient à l'assaut dès qu'il le fallait , et bravement, comme il convenait à des hommes de cœur et de conscience ; mais lors qu'à propos de mauvaises mesures qu'ils voulaient prévenir, ils exposaient le mieux possible , c'est-à-dire avec toute la chaleur d'emprunt qu'ils y pouvaient mettre, les périls qui allaient surgir ; lorsque poussés à bout, ils disaient au ministre : *L'administration que je dirige est perdue* , le ministre leur fermait la bouche d'un mot, et ce mot le voici : *Qu'en savez-vous ?* Depuis, on est entré dans une meilleure voie, en faisant diriger les administrations financières par gens du métier. Qu'on l'élargisse et qu'on s'y tienne.

Le plus triste effet de l'ordonnance de 1825 a été de fausser l'institution. Ce n'est pas à beaucoup près le seul reproche qu'elle mérite. Elle fut inique pour les caisses riches , sans utilité d'avenir pour les caisses pauvres , sans nul avantage pour le Gouvernement. Je vais l'envisager sous ces divers rapports (C).

En créant les caisses de retraites , et en statuant que chaque administration aurait la sienne , le législateur avait pensé que la propriété en serait mieux assurée et la gestion meilleure. C'était une affaire de famille. On la régla sur cette donnée. Dans ce système , chaque administration fait de sa caisse de retraites sa chose propre. Elle s'enquiert , jour par jour , de tout ce qui peut lui porter préjudice. La prospérité de l'établissement est l'objet de sa plus vive sollicitude , parceque tout l'avenir de son personnel en dépend , et que le personnel d'une administration , c'est la moëlle de ses os. Ainsi , d'administration à administration , il y a rivalité de sagesse , de prudence , d'économie. Sous le régime d'une caisse générale , il y a rivalité encore , mais en sens inverse. Alors , c'est à qui prendra la meilleure part du gâteau.

Il faut rendre pleine justice à la Commission : elle a signalé le vice de la réunion des caisses, non pas lorsqu'elle a dit (p. 38), que la mesure fût *insuffisante* (ce n'était pas le mot propre); mais en ajoutant immédiatement QU'ELLE FUT UNE CAUSE DE PLUS A L'ENTRAINEMENT DÉJA TROP GRAND DE L'ADMINISTRATION A DÉLIVRER DES RETRAITES. Reste à tirer la conséquence, ce que la Commission n'a pas fait.

Quand le moment sera venu , je le ferai pour elle.

Je poursuis mon examen de l'ordonnance du 12 janvier 1825. La mesure fut inique pour les caisses riches, car de quel droit les dépouillait-on ? Et comment, par exemple , des buralistes de la loterie dont les fonctions sont douces et paisibles , auraient-ils pu justement réclamer leur part dans le produit de retenues supportées par les employés des contributions indirectes , toujours astreints à un travail pénible , et si souvent exposés aux rebellions , au pillage , aux coups de fusil ?

La réunion des caisses de retraites en une seule n'a été d'aucune utilité d'avenir pour les caisses pauvres , car leurs embarras n'en sont devenus que plus grands, témoin le rapport de la Commission et le parti désespéré vers lequel elle incline.

Le Gouvernement , bien loin de trouver profit dans cette fusion , n'en a recueilli que des périls. La carrière des emplois publics , déjà rendue si ingrate par toutes nos vicissitudes politiques , l'est devenue bien plus , le jour où les fonctionnaires de tous les degrés ont vu gaspiller des ressources qui du moins les rassuraient contre les temps adverses ; et l'espoir a fait place à une indifférence si complète que même en ce moment , et à l'occasion d'un débat dont l'issue leur importe si fort , il n'est pas , depuis un an , sorti de leurs rangs pressés une seule voix qui s'élevât vers la Commission. Que le Gouvernement y prenne garde ! Il y a là un symptôme affreux de découragement. Je le signale à cause de sa réaction possible sur les services; et j'ajoute que si le Gouvernement doit beaucoup en redouter les effets , il n'a pas plus à s'applaudir d'avoir puisé quelques ressources momentanées dans les caisses riches , puisque les caisses pauvres sont devenues plus pauvres et que les caisses jadis riches , ne possèdent plus rien en propre (D).

Je n'abandonnerai pas cette partie vive de mon sujet sans me prévaloir de l'autorité la plus imposante dont puisse s'armer un écrivain. Dans une discussion qui a eu lieu à la Chambre en 1829 (le 18 avril) , quelques-unes des considérations que je viens de développer ont été produites , sans que peut-être elles aient beaucoup retenti au dehors. En France, qui s'occupe d'administration ? Il s'agissait d'une pétition née de l'ordonnance de 1825 , et de la rétroactivité de dispositions relatives aux veuves. *M. Humblot-Comté*, rapporteur, présenta comme illégale une ordonnance qui renversait une loi. Il insista sur l'utilité de cette loi, rendue pour encourager le zèle , pour assurer l'avenir des employés des finances ; car leur profession , ajoutait-il, « n'était pas alors et n'est peut-être pas même » aujourd'hui sans danger pour eux , et surtout sans » inconvénient. » Quelle force ces paroles n'ont-elles pas acquise , depuis, par les violences aux-

quelles les employés des impositions indirectes ont
été en butte dans nos départemens méridionaux !
M. le rapporteur en avait-il le malheureux pressen-
timent ?

M. Sapey, qui prit ensuite la parole, alla plus
loin : il accusa le ministre, auteur de l'ordonnance,
d'abus de pouvoir , d'attentat à la propriété ; et *M. de
Formont,* qui occupa la tribune après lui, s'éleva
tout-à-fait à la hauteur de la question , en la résu-
mant de cette manière : « L'administration n'a pas
» le droit de changer la destination des fonds appar-
» tenant aux caisses des retraites , ni les conditions
» qui ont présidé à leur formation...... Ce con-
» trat devait être d'autant plus obligatoire qu'il
» ne résultait pas d'une gestion générale , *mais*
» *d'une sorte de puissance paternelle.* »

Ce ne fut pas, pour le ministre des finances ,
chose facile que de répondre , et peut-être son embarras fut-il d'autant plus grand qu'il s'agissait de son
prédécesseur. Les ministres, dans des vues d'avenir,
sans doute , ont toujours une grande bienveillance
officielle pour leurs prédécesseurs, fiction qui ne
déplaît pas en France , où tout ce qui est généreux
obtient faveur. *M. Roy* s'en tira avec l'esprit qu'on
lui connaît. En définitive, il avoua que « peut-être
» la réunion des caisses de retraites en une seule ,
» n'avait été appelée que par la nécessité. » Mais il
avait débuté moins heureusement en disant qu'une

forte partie des 12 millions enlevés à la caisse des retraites de l'administration des impositions indirectes, provenait moins de la retenue sur les traitemens que de l'attribution d'un tiers dans le produit des saisies ; à quoi *M. Méchin* répliqua, avec une grande supériorité de logique, que le produit des saisies, appartenant aussi aux employés, en vertu de lois qui le leur abandonnent, disposer de ce produit ou de celui des retenues, c'était exactement la même chose. *M. Méchin* ajouta : « On a parlé de l'em-
» barras où l'on se trouve pour subvenir au paie-
» ment des pensions, de la nécessité où l'on sera
» sans doute de faire intervenir la législation au
» secours de la caisse des pensions; mais il y a une
» nécessité encore plus impérieuse que celle-là : c'est
» de respecter les droits des tiers. Cela est d'autant
» plus juste qu'en 1825, voulant faire des écono-
» mies, intention assurément fort louable, on a
» déterminé beaucoup d'employés à prendre pré-
» maturément leur retraite. » Et *Benjamin Constant* qui parla ensuite, corrobora l'opinion de *M. Méchin* par le récit fort piquant de quelques pratiques odieuses, assez semblables à celle dont j'ai moi-même hasardé la révélation.

Cette discussion fut longue, grave, lumineuse. On en appréciera encore mieux l'esprit quand j'aurai dit que l'analyse que je viens d'en faire, embrasse tous les discours prononcés. Aussi, nul dissentiment ne s'étant élevé, la pétition fut-elle renvoyée au ministre. Les principes émis reçurent donc la sanction de la Chambre. C'est d'un bon augure pour ce qui lui reste à faire.

La Commission du budget, comme je l'ai dit, s'est partagée entre deux opinions. Elle demande qu'on supprime absolument le système des caisses de retraites, ou bien qu'on le modifie de manière à niveler sur-le-champ, et sans aucune intervention du Trésor, les ressources et les dépenses. Dans la première hypothèse, elle voudrait qu'on substituât aux retraites un régime d'économies forcées sous le joug duquel le Gouvernement placerait ses nombreux agens ; et elle indique comment la transition d'un système à l'autre pourrait s'effectuer sans lésion des droits acquis. Suivons-la sur ce nouveau terrain.

Le système d'économies imaginé par la Commission est fort simple. Les retenues continueraient sur le même pied qu'aujourd'hui. Chaque fonctionnaire aurait un compte ouvert au Trésor. Les encaissemens porteraient intérêt, et le produit total serait remis à l'employé le jour où il conviendrait, soit à lui de cesser ses fonctions, soit au Gouvernement de lui donner un successeur.

La commission voit là *une grande caisse de prévoyance* : il me semble que les caisses de retraites ne sont pas autre chose, avec cette différence très-importante que, pour les caisses de retraites, il y a tontine. Les fonds versés par les employés qui donnent ensuite leur démission ou qui meurent, tournent au profit de ceux qui vivent, et voilà positivement ce qui rend l'institution excellente. On ne peut pas dire que les intérêts des uns sont sacrifiés aux intérêts des autres, attendu que l'objet des caisses de retraites est, apparemment, de subvenir à des retraites, et qu'en fait de retraites, la mort solde les comptes. C'est d'ailleurs la condition du contrat. Je consens, si je meurs, à perdre les retenues que j'aurai subies. Vous consentez, si je vis, à me faire profiter des retenues de ceux qui seront morts. Il y a équité pour tout le monde.

La Commission a calculé ce que le procédé qu'elle indique donnerait de capital, au bout de 30 ans ou de 40 ans, à un employé qui, débutant avec 1,000 francs de traitement, arriverait à 3,000 francs au moyen d'une augmentation de 100 francs pendant les vingt premières années de son exercice, la retenue fixée à 5 p. %, et le premier mois des appointemens et des augmentations venant en accroissement de la retenue. Le résultat est pour cinquante années d'âge et trente ans de service, 7,861 francs 50 centimes ; il serait de 14,785 francs 50 centimes à l'expiration des dix années suivantes.

En s'arrêtant au dernier de ces chiffres, un employé arrivé à 3,000 francs de traitement et à 60 ans d'âge, se retirerait donc avec un capital qui

représente exactement 739 fr. 27 cent. 1/2 de rente.
Si l'on considère que, dans quelques administrations,
le surnumérariat dure quatre, cinq et six ans, que
les aspirans n'y sont pas tous admis à dix-huit, que
dans certains services, qui entraînent fonctions am-
bulantes, les forces s'usent rapidement, on arrivera
à reconnaître que ce n'est pas au chiffre de 14,785
francs 50 centimes qu'il faut s'attacher, mais bien à
celui qui représente trente années d'exercice, savoir :
7,861 francs 50 centimes, et alors l'employé à
3,000 fr. de traitement se retirera avec 393 francs
7 centimes 1/2 de rente, ce qui, selon la Commission,
remplira les vues du Gouvernement, *son seul inté-
rét étant d'acquérir la certitude que celui qui quitte
son service, ne passe pas à un état de misère, et qu'il
ne sort pas de son emploi, réduit à demander à la
charité publique une assistance indispensable* (p. 36).

J'expose et ne m'attache plus qu'aux chiffres. Je
dirai donc que, dans l'exemple proposé, le calcul,
portant sur un employé qui arrive à 3,000 francs
de traitement, ne conclut rien pour ceux qui n'y
arrivent jamais, que c'est le plus grand nombre,
que beaucoup finissent leur carrière avant d'atteindre même 2,000 francs, et qu'évidemment pour dix
sur douze, il y aura nécessité d'entrer à l'hôpital,
en quittant leurs fonctions, ce que la Commission
ne veut pas.

Il est malheureux qu'on n'ait pas mis sous les yeux

de la Commission un état raisonné du personnel des administrations financières, ou, tout simplement, un relevé des retraites accordées, avec l'âge et le traitement des anciens titulaires. J'y vais suppléer, autant que je le puis, en indiquant brièvement le personnel d'une direction de douanes. La direction que je choisis n'est pas composée autrement que les autres, et par celle-là on pourra juger de toutes.

Indépendamment de 1,418 préposés de brigades qu'il faut généralement retraiter après vingt-cinq ans de service, et même plus tôt à cause des fatigues du métier, ce que la loi permet à de certaines conditions, la direction dont je parle compte 186 employés de bureau. Il y en a :

1 à	12,000	fr.	Directeur. 1.re classe du grade.
5 à	5,000	—	Inspecteurs et Receveurs principaux. 2.e classe du grade.
1 à	4,500	—	Inspecteur. 3.e classe.
3 à	3,600	—	Sous-Inspecteurs. 1.re classe. Receveur principal de 4.e class.
4 à	3,000	—	Receveurs principaux. 5.e classe. Contrôleur aux entrepôts.
1 à	2,600	—	Commis principal à la navigat.
5 à	2,400	—	Vérificateurs-Liquidateurs. Commis principal à la balance du commerce. Receveurs principaux de 6.e classe.

Report.. 20

<table>
<tr><td>8 à</td><td>2,200 fr.</td><td rowspan="16">Vérificateurs, Aide-Vérifica-teurs. Receveurs aux décla-rations. Commis aux expé-ditions. Receveurs subor-donnés.</td></tr>
<tr><td>2 à</td><td>2,100 —</td></tr>
<tr><td>9 à</td><td>2,000 —</td></tr>
<tr><td>6 à</td><td>1,900 —</td></tr>
<tr><td>13 à</td><td>1,800 —</td></tr>
<tr><td>5 à</td><td>1,700 —</td></tr>
<tr><td>12 à</td><td>1,600 —</td></tr>
<tr><td>12 à</td><td>1,500 —</td></tr>
<tr><td>18 à</td><td>1,400 —</td></tr>
<tr><td>7 à</td><td>1,300 —</td></tr>
<tr><td>26 à</td><td>1,200 —</td></tr>
<tr><td>6 à</td><td>1,100 —</td></tr>
<tr><td>27 à</td><td>1,000 —</td></tr>
<tr><td>13 à</td><td>900 —</td></tr>
<tr><td>2 à</td><td>800 —</td></tr>
</table>

Total.. 186

Ainsi, sur 186 employés, nous en comptons 10 au-dessus de 3,000 fr., 4 à 3,000 fr. et 172 au-dessous.

Au vu de ce tableau, on sera sans doute bien convaincu que quand, sur 186 employés, il y en a 172 qui ont moins de 3,000 fr. de traitement, peu, très-peu sont appelés, je ne dis pas à arriver à 3,000 fr., mais à 2,000, et pour qu'il ne reste aucun doute là-dessus, je dirai, par exemple, que les 27 employés à 1,000 fr. comptent ensemble 381 ans d'ancienneté, ce qui donne pour chiffre moyen de leur temps de service, quatorze années, un mois, dix jours, et pour âge commun trente-cinq ans. Les avancemens, comme on le voit, ne se font pas par 100 fr. chaque année, ainsi que l'a supposé la Commission. A ce compte nos services financiers coûteraient à l'État presque autant qu'ils lui rapportent. Il en résulte que les calculs de la Commission sont sans application générale possible, 1.º parcequ'ils ne vont qu'aux traitemens de 3,000 fr., 2.º parceque ces traitemens n'étant pas nombreux, peu de sujets y arrivent.

Qu'il soit donc bien entendu qu'avec la caisse de prévoyance dont on projette l'établissement, la presque totalité des employés sera, en se retirant du service, réduite à la mendicité, et je répète que la Commission n'a pu ni dû le vouloir.

Je m'arrêterai bien peu sur ce que la Commission propose dans la vue d'empêcher que la transition du mode actuel au mode nouveau lèse trop l'équité. Du moment où des hommes, admis dans l'emploi sous le régime des caisses de retenues, seront tout-à-coup frustrés de l'espoir d'une retraite, le sacrifice sera sans compensation possible. En leur rendant les fonds qu'ils auront versés dans la caisse, vous ne diminuerez en rien la violence et l'iniquité de la mesure. Supprimer les retraites et garder les retenues, serait une spoliation si criante que les termes manqueraient pour la qualifier; mais en les restituant, le contrat n'en sera pas moins rompu, les promesses , les engagemens , les droits acquis foulés aux pieds ; et quant aux recherches qu'il faudrait faire pour retrouver le chiffre exact des retenues qu'ont subies ,. depuis trente-sept ans , les seuls employés de l'administration des finances (au nombre de 50,000), je soutiens que jamais opération plus inextricable n'aura été livrée à la patience des plus intrépides arithméticiens. Les frères Pâris, et tous les descendans des commis qu'ils employèrent si habillement pour débrouiller le cahos du fameux visa, y mourraient à la peine.

La Commission va au devant d'une objection très-grave tirée de la dépense qu'entraînerait pour le Gouvernement le passage d'un régime à l'autre. Je ne crois pas qu'elle y réponde bien, ce à quoi je n'attache aucune importance , le système me paraissant radicalement mauvais. Je dirai seulement que dans le remboursement qu'il faudrait faire des retenues, la Commission a oublié le produit des saisies , qui est aussi la propriété des employés. Au lieu de 90,000,000 de fr. dont la Commission reconnaît que le Gouvernement leur serait redevable , ce serait donc 110 ou 120 millions, et ceci ne rend pas l'objection plus facile à réfuter. Je dirai encore qu'en subordonnant la conservation et le paiement des retraites déjà liquidées, *à l'appréciation des recettes sur lesquelles elles sont assises* (page 46) *et à la garantie de ressources équivalentes* , la Commission fait craindre qu'on ne les réduise , ce qui serait une banqueroute. Quand je pense que les malheureux sur qui elle tomberait sont des vieillards auxquels il ne reste que quelques années d'existence , et qui n'ont aucune autre ressource que leur retraite , je m'accuse d'avoir mal compris. Telle n'a pu être la pensée de la Commission. Elle aura probablement voulu dire que les retraites seraient payées intégralement , et c'est dans ce but qu'elle aura parlé de la *garantie de ressources équivalentes ;* mais j'ai dû raisonner dans les deux sens, la rédaction laissant du doute.

Quelque onéreux que soient pour le Gouvernement le remboursement des retenues et le service ultérieur des retraites aujourd'hui concédées, la Commission pense que « cet inconvénient sera bien compensé
» par la diminution successive des charges que pro-
» duisent les demandes d'allocation pour pensions,
» et aussi par tous les avantages que la société re-
» cueillera , dans l'ordre moral, de l'obligation,
» pour ceux qui ont des emplois publics amovibles,
» de faire des économies sur leur traitement, de
» s'occuper de leur avenir, pensée si favorable à
» l'ordre établi, et qui les préoccuperait s'ils exer-
» çaient une profession en-dehors du Gouverne-
» ment. » (*Page* 43.)

Qu'on me permette de m'arrêter un moment. Il m'est pénible, beaucoup plus pénible qu'on ne peut se l'imaginer, d'être si souvent en discord avec la Commission. Si, en prenant la plume, j'avais prévu quelle tâche j'aurais à remplir, je ne me serais pas engagé. J'ai besoin d'y réfléchir pour ne pas croire que j'abuse de la position qu'elle m'a faite, en m'ouvrant elle-même la lice ; et je sens que j'y marche d'un pas mal assuré, par un sentiment de crainte et de délicatesse dans lequel j'espère du moins qu'elle trouvera une marque du respect que je lui porte.

Je suis obligé de répéter que les charges des caisses de retraites tomberont naturellement avec les extinctions, et ne se renouvelleront pas, si ces caisses sont désormais administrées *comme elles l'ont été de 1795 à 1814.* Tout le problème financier est là. Quant à l'ordre moral que la Commission intéresse aux économies que *seront forcés de faire* les employés, de bonne foi, qu'est - ce que l'ordre moral peut gagner à des économies impossibles ? quelles économies veut-on que des employés fassent sur leur traitement, quand, dans nos services de province, on voit que sur 186, 14 seulement arrivent à 3,000 francs ou dépassent ce taux, et quand j'aurai appris que les 4 qui l'ont exactement atteint, dans la direction que j'ai prise pour exemple, comptent ensemble 117 ans de travail, ce qui fait 29 ans 3 mois d'ancienneté pour chacun, et 50 ans pour moyenne de l'âge ? Pense-t-on qu'avec 3,000 francs de traitement, un fonctionnaire puisse mettre son fils au collége? Contestera-t-on que s'il en a deux, il ne soit dans l'impossibilité de leur faire apprendre autre chose qu'un peu de français et les quatre règles? Veut-on moins pour lui? Mais alors jusqu'où donc ravalez-vous sa position? Et si tout cela est vrai de l'homme à 3,000 francs de traitement, que sera-ce de ceux qui ne montent jamais si haut, c'est-à-dire, de 80 sur 100 ? (E)

Oui, l'avenir *préoccupe les professions, les industries en dehors du Gouvernement,* car il y a de l'avenir pour elles, et il n'y en a pas pour les fonctionnaires publics. Quelqu'intelligence, de l'esprit d'ordre, d'heureux hasards, un peu de vogue amèneront sur un simple artisan toutes les faveurs de la fortune. A Paris, le tailleur à la mode, rapidement emporté dans son élégant phaéton, éclabousse ou froisse le préfet en congé qui, le matin, va à pied, étudier la girouette de tel hôtel, pour savoir d'où vient le vent. Portons nos regards ailleurs. Qu'était M. *Necker* chez M. *Vernet,* au début de sa carrière, et qu'était-il devenu quand l'entrée du Conseil lui a été ouverte? Si M. *Perregaux* vivait encore, ne serait-il pas fier de ses élèves? Banque, commerce, industrie, professions libérales, voilà les carrières où l'on se pousse, où l'on parvient, où l'on s'enrichit. Que l'on me cite les fortunes faites dans les administrations *à surnumérariat !* On jalouse les fonctionnaires ! on recherche les places qui s'obtiennent d'emblée ! c'est à qui sera receveur général, préfet ! mais pour les receveurs-généraux, c'est de la banque encore, et quant aux préfets, qui donc n'a pas été préfet ? Les préfets ne sont que des magistrats voyageurs. Ils ne comptent pas.

J'ai connu un administrateur qui, jeune alors, avait l'honneur de commander 37,000 hommes, qui jouissait de cent mille francs de traitement ou de remises, qui approchait le souverain dont il avait reçu plusieurs marques d'estime, et qui, tout étonné d'une position à laquelle jamais il n'aurait osé prétendre, n'en regrettait pas moins son indépendance et son obscurité. C'est qu'on ignore à quels dégoûts condamnent les grandes places. Ne parlez pas de bonheur aux fonctionnaires publics. Ne demandez pas d'économies à ceux qui arrivent à 3,000 fr. de traitement, et prions tous Dieu pour qu'aucun ne songe à l'avenir. Bonheur, économies, avenir : mots à rayer du dictionnaire à leur usage.

Le but que s'est proposé la Commission ne pouvant être atteint par sa caisse de prévoyance, passons au parti qu'a indiqué la Commission du budget. Cette fois il ne s'agit plus de supprimer les caisses de retraites. On se bornerait à en modifier le régime. Ce que la Commission voudrait, dans cette nouvelle hypothèse, se réduit à un seul point : élever les retenues au niveau des charges ; et, comme il est toujours entendu que ce doit être sans l'inter-

vention du Gouvernement, il faudra de toute nécessité augmenter les retenues. La Commission le
demande.

La discussion dans laquelle je vais m'engager,
serait assez délicate pour un administrateur qui
n'aurait pas foi en son lecteur et en lui-même. Le
lecteur auquel je m'adresse, le seul dont je recherche
le suffrage, c'est celui qui pèse les raisons indépendamment de la position de l'écrivain qui les donne.
M. de St.-Cricq dit un jour à la tribune que, quand
même les Douanes devraient coûter quelque chose
au Trésor, il se garderait bien d'en demander la
suppression ; et pour quiconque sait que l'impôt
n'est pas l'objet essentiel des Douanes, que leur
mission est surtout de protéger l'industrie indi-
gène, *M. de St.-Cricq* était dans son droit et dans
le vrai. La Chambre le jugea ainsi, et le prouva par
son vote, assentiment dont elle a fait pour lui une
habitude aussi douce qu'honorable ; mais les esprits
prévenus s'en vengèrent au-dehors, et le *vous êtes
orfèvre M. Josse,* qui a tant de profondeur et de
gaîté dans Molière, à cause de la situation qui le
lui a fait trouver, vint malicieusement se placer sous
leur plume. Autant m'en arrivera. Que ce petit
désagrément ne nous arrête point, et poursuivons.

Il en est des retenues sur les traitemens comme
des impôts : Il n'y a de productifs que les impôts
et les retenues qui atteignent également tout le

monde. Le tout petit tableau que j'ai donné du personnel d'unetoutepetite fraction de l'administration
des douanes, a suffi pour montrer à quel point les
emplois modiques sont nombreux, et, les traitemens un peu forts, rares. Si vous élevez le taux
des retenues, ce ne pourra être que pour ceux-ci,
et alors l'augmentation ne donnera rien. Si vous
l'élevez pour tous, vous mettrez les petits employés
dans l'impossibilité de vivre avec leur paye ; et
n'oublions pas 1.º que la retenue sur les traitemens,
primitivement fixée à 1/4 pour o/o, a été successivement portée à 2, à 3 et à 5 ; 2.º Que dans les
douanes, il y a 24,000 agens appointés de 6 à 800 fr.
seulement.

La retenue sur le produit des saisies, malgré l'intérêt pressant qui s'attache à cet encouragement, indispensable dans les services financiers, a elle-même
été augmentée. Fixée d'abord à 3 sols pour livre,
elle est aujourd'hui de 37 1/2 pour cent. Ainsi on
l'a plus que doublée. Dépouillerez-vous les chefs de
la part que la loi leur accorde, sous le prétexte que
ce sont les simples préposés qui effectuent les saisies?
Mais ce que vous ferez gagner aux caisses de retraites
sera bien peu pour elles, et ce que vous ferez perdre
aux chefs, qui donnent l'impulsion au service et
qui en sont l'âme, sera au contraire considérable
pour eux. A la guerre, ce sont aussi les soldats qui
tirent les coups de fusil, et cependant ce sont les

généraux qui gagnent les batailles. Croyez-en un vieux soldat qui finit sa carrière, et qui n'a plus d'intérêt personnel à tout ceci : ne découragez jamais vos généraux.

Quelle que soit la force de ces considérations, je ne dis pas d'une manière absolue que les retenues sur les traitemens ne puissent être augmentées. Tout dépend du système auquel on rattachera cette augmentation. Je ne donnerais pas le conseil d'y recourir, si c'était pour former ce que la Commission appelle une caisse de prévoyance. Il y aurait là deux maux pour un, la suppression des caisses de retraites d'abord, et ensuite l'accroissement de la quotité de la retenue. Les chances d'avenir seraient moins belles, le présent serait plus triste. Il n'est pas possible d'y penser.

Mais c'est sur une autre hypothèse que j'asseoirai désormais le raisonnement. J'établis que le système des caisses de retraites est maintenu en principe. La décision prise, on me demande ce qui reste à faire : je réponds que je n'en sais rien.

Je n'en sais rien parcequ'au lieu d'une question à résoudre, il y en a maintenant trente, et que ni la Commission ni moi n'avons abordé celles-ci. Je déclare que pour mon compte je ne l'aurais pas pu.

Il faut rendre tout ceci plus clair :

Le système des caisses de retenues est bon. Il l'est rationnellement ; il l'est aussi par le fait. Livré à sa marche naturelle , il a cheminé dix-neuf ans sans encombre, et c'était le moment où il ne jouissait pas de la plénitude de ses ressources. Depuis , et malgré dix-huit années de perturbations, il ne coûte encore au Trésor qu'un million 1/2 par an, quoique, grâce aux caisses de retraites , 10 millions annuels de charges se payent sur les retenues de traitement ou sur les économies qu'elles avaient rendues possibles. De là, du moins pour moi, la preuve qu'il était riche en vitalité ; et j'en tire la conséquence que l'anéantir serait la plus grande faute qu'on pût faire.

Mais le système des caisses de retraites , lancé hors de ses voies , périclite enfin ; et au moment où l'on parle d'y renoncer, naît le besoin de savoir s'il ne s'y est pas introduit quelque cause d'altération progressive ; si, pour des administrations très-différentes, il est susceptible d'applications exactement pareilles ; si toutes ont les mêmes droits, les mêmes besoins, les mêmes ressources ; si le Gouvernement a le même intérêt à ce que tous ses fonctionnaires obtiennent des retraites , à ce qu'elles soient aussi nombreuses dans un service que dans un autre ; à ce que l'âge, les années nécessaires pour y être admis, la quotité des retenues, celle du maximum des allocations rémunératoires soient partout semblables ; et la question générale descendant ainsi de la théorie à la pratique , on voit ce qu'elle peut entraîner de questions de détail et de considérations nouvelles que je ne présenterai point, mais dont j'espère faire comprendre l'importance et l'objet.

J'ai parlé de la magistrature qui a aussi sa caisse de retraites. En 1832, elle a dû coûter près de 750,000 francs de subvention au Trésor, moitié en sus de ce que les sept administrations financières auront obtenu ensemble. Certes, elle ne remonte ni au chancelier de l'Hôpital, ni à d'Aguesseau. Ces hommes illustres n'y auraient pas mis leur nom. Déjà je me suis expliqué là-dessus ; passons : la caisse existe ; elle a les mêmes droits que les autres ; mais n'est-il pas vrai qu'un magistrat, toujours respectable, l'est encore plus à 70 ans qu'à 50 ; que bien rarement l'âge entraîne pour lui le besoin de la retraite ; qu'au moyen de la haute et légitime considération attachée à ses fonctions, il tient dans le monde un rang qui facilite pour lui les alliances riches et honorables ; que personnellement il a toujours de l'aisance, puisque c'est l'une des conditions qu'on exige de tous les hommes qui se vouent à cette carrière ? Et toutes ces circonstances ne m'autoriseront-elles pas à soutenir que, pour la magistrature, il faut un système de retraites tout spécial, dont l'honorifique fasse les principaux frais ? Car personne ne pensera, et certainement nul n'osera dire, qu'en assurant une retraite aux juges, le législateur a voulu leur ôter la tentation de prévariquer, pendant les 40 ou 50 années qu'ils passent sous la toge.

Ce qu'on ne dira ni ne pensera pour les magistrats, la Commission l'a pensé et l'a dit pour nos services administratifs. Je ne lui en fais pas le reproche. Au contraire, je me prévaux de sa remarque pour montrer qu'en proposant de supprimer ou d'affaiblir les retraites, elle n'a pas été très-logique. Oui, les hommes par les soins desquels le milliard du budget arrive au Trésor, auront toujours, et quoique puisse dire ou faire la Cour des comptes, les moyens de se payer par leurs mains. Payons-les bien; assurons-leur un avenir pour qu'ils ne pensent pas à se l'assurer à leur manière; et faisons tout cela par économie.

Si de la magistrature nous descendons aux administrations, même aux administrations financières, nous trouverons qu'il n'y en a pas deux auxquelles le même système de retraite convienne. Ce système doit, pour chacune, être approprié à son service spécial; il doit l'être aussi à ses charges, à ses ressources; et les charges comme les ressources tiennent à mille circonstances inhérentes aux administrations, et qui varient comme elles. Dans les domaines, dans les postes, dans la loterie, rien ne s'oppose à ce que les retraites se fassent attendre. Les employés qui ont, pour remplir leurs fonctions, un bureau bien clos, bien chauffé, ne s'usent pas vîte. C'est tout le contraire pour ceux dont le travail a lieu en plein air, par tous les temps, comme par toutes les saisons. Or, telle est la position de beaucoup d'employés des douanes et des contri-butions indirectes, pris même dans ce que nous appelons la partie sédentaire, dans les bureaux. Quant aux préposés de brigades, tout le monde sait qu'ils sont sur pied jour et nuit, et qu'il a fallu pour eux, abaisser le temps de la retraite à 25 années de service, ce qui ne suffit pas toujours. Les positions des diverses administrations ne sont donc pas pareilles, sans parler des rebellions, petites ou grandes, qui menacent les unes, jamais les autres, et qui, sous le rapport des retraites, ont bien aussi quelques inconvéniens. Par un hasard très-heureux, les administrations qui ont le plus de charges, sont précisément celles dont les ressources ont le plus d'étendue. On ne peut pas dire que le législateur l'ait voulu ainsi : c'est une suite naturelle de ce que les saisies sont en proportion des efforts et des fatigues, d'où il suit que là où par l'effet d'un travail qui use long-temps avant l'âge, les retraites sont nombreuses et pré-coces, il se trouve que les moyens d'y subvenir sont aussi plus sûrs et plus énergiques. La pré voyance la plus éclairée n'aurait pas fait mieux.

Maintenant, on doit comprendre que si le prin-cipe de l'utilité du système des retraites, et la nécessité de le maintenir, ont pu ressortir de cet écrit, on exigerait beaucoup trop de moi en demandant que j'indiquasse quel régime spécial de retraites il faut donner à chaque administration. Ma pensée est que pendant plusieurs années, toutes auront besoin de secours, qu'on peut, dès ce moment, et sur l'exposé raisonné et dûment controversé de leur situation, assigner à chacune une subvention fixe ou décroissante, mais à laquelle, dans aucun cas et sous aucun prétexte, le Gouvernement n'ajouterait rien, bien entendu qu'elle ne serait même que provisoire, et que pour hâter le moment où les administrations cesseraient d'en avoir besoin, comme aussi pour s'assurer qu'à l'avenir leurs charges n'excéderaient jamais leurs ressources, elles proposeraient d'apporter à leur régime de retraite, les modifications les plus propres à atteindre ces deux buts, sans léser les droits acquis et sans décourager les services. Je ne verrais aucun inconvénient, par exemple, à ce qu'on reculât, pour certaines administrations, et dans toutes pour certains grades, l'âge où la retraite serait acquise. Je crois encore que, pour les emplois supérieurs, on pourrait établir deux maximum de retraite, l'un, faible, pour 30 ans d'ancienneté, l'autre en progression croissante jusqu'à 50 ans. Cent combinaisons de cette espèce peuvent s'offrir ; mais comme elles doivent varier selon la nature des services, c'est aux administrations mêmes à les indiquer. On ne fera rien de bon sans elles, et on fera du très-mauvais, si, en matière de retraite, comme en quoique ce soit, on veut les ranger sous un niveau pareil. Qu'on se rapproche de l'unité, le plus possible, je l'admets ; mais qu'on veuille jeter exactement dans le même moule des réglemens applicables à des services qui n'ont rien de commun, c'est l'idée la plus fausse à laquelle des hommes qui n'ont que de l'esprit, aient jamais pu s'arrêter. Je le répéterai jusqu'à satiété : Voulez-vous avoir un bon réglement d'administration intérieure, en matière de douane, de domaines, d'impositions indirectes, etc.? demandez-le à des hommes de douanes, de domaines, d'impositions indirectes, ce qui n'empêche pas qu'après avoir fait préparer de tels réglemens par gens du métier, on ne les discute ailleurs, mais ce qui veut dire qu'avant tout, il faut avoir la pensée de ceux qui ont acquis le droit d'en émettre une, et, en définitive, obtenir leur assentiment.

J'insiste pour que les administrations soient mises en cause, parceque le jour où chacune pourra exposer ses actes, défendre les intérêts de son service, en montrer les besoins, les questions de bonne gestion deviendront claires pour tout le monde. Du moins, à l'avenir, saura-t-on qui a fait ou qui n'a pas fait abus. Dans les temps ordinaires, il suffira, pour cela, de comparer les retraites concédées pendant l'année, avec celles des années antérieures à la Restauration, rapprochement qui n'apprendrait rien aujourd'hui , les événemens politiques pouvant servir à tout expliquer comme à tout cacher , et le blâme comme l'éloge n'appartenant, depuis l'ordonnance de 1825, à personne, du moins pour la caisse de retenues des administrations financières, puisqu'il serait impossible de dire sur qui pèse la responsabilité de sa gestion. Tout changera par le retour aux caisses privées, et je me crois dispensé de dire que je le demande comme le seul moyen de rentrer dans le vrai. En reconquérant leurs anciennes attributions, les administrations auront un examen de conscience à faire. Elles devront rechercher si , dégagées de toute responsabilité personnelle, et dans la vue louable, mais quelquefois abusive, d'augmenter le zèle par de prompts avancemens, il ne leur est pas arrivé souvent de rendre la retraite obligatoire, de l'imposer à des sujets qui ne la sollicitaient pas, et qui auraient pu , très-fructueusement pour eux et sans dommage pour l'État , servir encore dix ou quinze ans. Peut-être , ceci nous vaudra-t-il l'aveu qu'en brusquant certains avancemens , elles ont cédé aux instances d'hommes placés très-haut dans la sphère politique; et d'examen de conscience en examen de conscience, il ne serait pas absolument impossible que messieurs les Pairs et messieurs les Députés ne fussent amenés à faire aussi le leur. Je ne produis cette idée que très-conditionnellement , et uniquement parcequ'à propos de conscience, j'éprouve le besoin d'être vrai et de mettre la mienne en repos.

L'intervention des administrations aura d'autres avantages. Si le Gouvernement, comme je l'espère, se détermine à conserver momentanément de l'appui aux caisses de retraites, il sera en droit d'exiger que, de leur côté, les administrations se résolvent à quelques sacrifices. C'en serait un que de reculer l'époque où le maximum de la retraite pourrait être acquis. Si pour quelques grades (et par plusieurs raisons ce devraient être les plus élevés) les administrations proposaient de suspendre, sauf le cas de force majeure, toute retraite pendant quelques années, il y aurait encore là sacrifice. L'augmentation des retenues, quelque peu qu'on les élève, en serait un troisième. Eh bien, si toutes ces mesures, si d'autres mesures analogues, dont l'idée pourra venir, étaient proposées par les administrations mêmes, les employés, certains d'avoir été défendus, s'armeraient de courage. Ils sauraient se résigner. Ne dites pas : Qu'importe ? Il importe fort qu'en France nul ne puisse crier à l'oppression, pas même les fonctionnaires publics. Il importe surtout au Trésor que les hommes chargés du recouvrement de l'impôt, s'y dévouent sans aucune préoccupation d'esprit. On ne sait pas à quel point la question des retraites est vitale pour eux, ni combien d'idées morales s'y rattachent. En 1825, le jour où la fameuse ordonnance de *péle-mêle* fut rendue publique, de nos vieux retraités de Douanes, croyant qu'ils ne seraient plus payés sur nos caisses , que le certificat de vie dont ils ont besoin chaque mois, ne leur serait plus délivré par nous , s'en désolèrent et vinrent en pleurant faire leurs adieux à leurs anciens chefs. Et cependant, que devait-il leur en coûter de s'adresser à la caisse du Receveur des finances, de demander aux maires leur certificat de vie ? Mais les maires, mais les receveurs des finances ne disaient plus rien à leurs souvenirs ! Ils ne retrouvaient plus là le chef qui applaudissait naguère à leurs efforts ! Les liens de famille allaient être rompus ! Et le sentiment qui fait que toujours un vieux soldat tressaille à la vue de son vieux capitaine , se réveillait en eux dans toute sa force , parcequ'ils se croyaient condamnés à ne plus l'éprouver : braves gens, bien dignes assurément d'une retraite laborieusement gagnée et que justifieraient seuls des regrets si touchans , des émotions si nobles.

J'aurais souhaité pouvoir indiquer quelques combinaisons qui permissent aux caisses de retraites de se passer immédiatement de tout secours. Au point où le mal a été porté , je crains que d'autres ne soient pas plus heureux que moi. Sans doute il sera fâcheux pour le Gouvernement, dûr pour les contribuables de devoir, par des subventions, même momentanées , élever les ressources des caisses de retraites au niveau de leurs charges; mais n'ai-je pas prouvé qu'on ne pouvait s'en prendre qu'aux événemens, qu'à de déplorables circonstances plus fortes que les hommes? Si, accessoirement, des fautes ont été commises, faut-il que ceux-là mêmes qui ne pouvaient pas les empêcher, en soient rendus responsables? Faut-il qu'ils en deviennent victimes? Et d'ailleurs, tout n'a pas été faute; tout n'a pas été perte non plus. Beaucoup de retraites ont facilité des suppressions, des réductions qu'on n'aurait pu opérer autrement. Qui a profité de ces économies? Le Gouvernement. Qui a pâti du trop grand nombre de retraites concédées ou forcées? Les caisses appelées à y pourvoir. Si donc, et après plus ample informé, le Gouvernement doit continuer à leur tendre une main secourable, qu'il s'y résigne. Ce ne sera jamais que pour un temps. Tout se bornera à quelques sacrifices annuels; tandis que s'il portait la hache dans ses administrations productives, il pourrait paralyser une génération tout entière de bons serviteurs, d'où résulterait infailliblement pour le Trésor des pertes énormes qu'aucune prévision ne saurait évaluer, même approximativement.

Le principe de la conservation des caisses de retraites se lie invariablement dans ma pensée au très-prompt rapport de l'ordonnance du 12 janvier 1825, *en ce qui touche la réunion des sept caisses financières.* C'est le vice radical du système actuel.

Si on ne l'extirpe pas, l'institution périra, ou ne portera que des fruits amers. Je prédis qu'on l'obtiendra difficilement, et cela rend pénibles pour moi les dernières pages d'un écrit dont j'aurais été heureux qu'il ressortît de l'utilité.

J'adopte comme chose à mûrir, la pensée qu'a eue la Commission de soumettre les demandes de retraites à un *Tribunal* particulier. Il est certain qu'il faut une digue contre les retraites prématurées, ce qui, entre autres avantages, empêchera qu'on ne les prodigue, tantôt pour se venger d'une opinion, tantôt pour la servir ; et à cette occasion, je demanderai si, quand il s'agit de créer un tribunal pour juger de la nécessité des retraites, il ne serait pas juste et utile d'en créer un second auquel seraient renvoyées toutes les dénonciations politiques. On ne sait pas ce qu'est le sort d'un homme puni pour opinion ! Pauvre Paria lancé dans la société, qu'il peut troubler par le ressentiment qu'il y porte, il n'aurait tenu qu'à vous d'en faire un serviteur dévoué, si, toute opinion à part, c'était un administrateur probe et consciencieux ; et cependant, tandis que les uns, se prévalant de sa disgrâce, lui prodigueront toutes les humiliations qui attendent l'homme tombé, il sera, pour d'autres, une victime à laquelle s'attacheront des regrets et des vœux, insensés peut-être, mais dont son malheur aura été l'occasion ou le prétexte, et deviendra l'excuse. Un administrateur a-t-il failli? Est-il bien prouvé que son concours vous a fait faute? Il est coupable, puisqu'il vous l'avait promis. Qu'on le juge donc ; qu'on le renvoie......, et alors pas de retraite.

Je ne crois pas devoir m'excuser d'avoir souvent cité les douanes, et cherché mes exemples dans l'administration que je connais le mieux, la seule d'ailleurs que je sois tenu de bien connaître. J'aurais pu, quant à elle, aller beaucoup plus loin que je ne l'ai fait, et dire, par exemple, que si pour les brigades, les ressources de notre caisse restaient insuffisantes, le Gouvernement, sans hésiter, devrait à jamais se charger d'y subvenir. Placé sur ce terrain, je sentirais doubler mes forces. En effet, de quoi se recrutent nos 25,000 hommes armés ? D'anciens militaires dont les années passées au régiment comptent pour la retraite, en vertu des ordonnances de 1815 et de 1818, d'où il suit que, *depuis la Restauration*, notre caisse récompense des services rendus sous le drapeau , ce qui en a considérablement accru les dépenses, contrairement à l'esprit de l'institution, faussée en cela comme en tout. La Chambre a trouvé juste d'alléger cette charge, en allouant aux douanes, par le budget de 1822, sous le titre de traitemens d'inactivité, une somme de 360,000 francs, portée depuis 1827 à 500,000 francs ; mais quand on considère que même en y comprenant ce secours, la proportion moyenne des admissions à la retraite n'a été dans les douanes, pendant les sept dernières années, que de 2,07 sur 100 employés, tandis que pour les bureaux du ministère des finances, elle a été de 2,44, et pour l'administration des domaines de 2,47, il est impossible de ne pas voir dans ce rapprochement, la preuve matérielle que l'ordre naturel des choses a été complétement interverti (1). S'il existe un service pénible où, après vingt-cinq ans de travail, la retraite soit de nécessité absolue, c'est assurément celui des brigades de douanes. Comment se peut-il donc que les retraites y soient moins nombreuses que dans les bureaux du ministère et dans l'administration des domaines ? La réponse à cette question se trouve encore dans la fusion des sept caisses en une. Les services riches en ressources, mais surchargés de besoins, sont sacrifiés aux services pauvres qui n'ont cependant pas des besoins aussi pressans ; et voilà précisément pourquoi l'ordonnance de 1825 a été préparée sans que l'administration des impositions indirectes ni celle des douanes aient été officiellement mises dans le secret.

Il est très-désirable que ce grand débat sur les retraites soit promptement vidé, et fort urgent, si on ne peut pas le vider pendant le cours de cette session, que des mesures exceptionnelles soient pri-

---

(1) Voir le compte des retraites de 1825 à 1831, p. 16.

ses pour le *service actif des douanes*, surchargé depuis quelques années d'une foule d'invalides, complétement hors d'état de continuer leurs pénibles fonctions. Il s'agit ici de deux intérêts capitaux avec lesquels il n'y a pas à marchander, l'intérêt du Trésor qui, après la levée de prohibitions devenues inutiles, aura de plus forts droits à recouvrer, et l'intérêt de nos diverses industries à qui nous devons protection.

Aux conditions que j'ai assignées, c'est-à-dire avec autant de caisses de retraites qu'il existe de services; avec des administrations qui disposent de leur personnel et *qui en répondent administrativement et politiquement;* avec les mesures que les administrations proposeront dans le double but de diminuer leurs charges et d'augmenter leurs ressources; avec l'appui provisoire du Gouvernement, en attendant l'effet infaillible de ces mesures, il est impossible que les caisses de retraites n'arrivent pas vîte à rétablir leur balance. La Commission avoue que « les » retraites assises sur un fonds de retenues, seraient » hors de toute discussion, si elles étaient en pro- » portion du gage qui leur a été donné. » Ce but s'atteindra sans de trop grands sacrifices. Alors le système sera ce qu'on avait voulu qu'il fût, ce qu'il a été pendant la première moitié de son existence, ce qu'il serait encore, si des circonstances plus fortes que les hommes, n'eussent faussé l'institution ; et la Commission n'aura qu'à s'applaudir de ses investigations, un peu sévères pour les hommes publics peut-être, mais qui n'en resteront pas moins comme modèle d'une discussion très-impartiale et très-éclairée, suivie du besoin franchement et généreusement exprimé, de l'éclairer encore davantage.

Dans cet écrit, au terme duquel j'arrive enfin, je n'ai pu et dû m'occuper que des services administratifs, les seuls auxquels convienne cette sorte de rémunération matérielle que réclame une vie humble et probe. Bien au-dessus de cet horizon restreint, et tout-à-fait en dehors de mon sujet, s'élève un autre ordre de services pour lesquels il n'y a de récompense possible que dans la gratitude des peuples, trop souvent, hélas, que dans les témoignages de l'impartiale histoire. C'est à l'histoire que Villars doit le beau titre de *Sauveur de la France*, qu'il avait si bien mérité à Denain. Aujourd'hui, peut-être l'obtiendrait-il de son vivant; et si quelque noble marque de la munificence nationale venait s'y joindre, ce serait moins comme rémunération que dans la vue d'agrandir la carrière, que pour montrer à tous que désormais elle est ouverte pour tous. Heureux les pays qui honorent leurs grands hommes ! « Demain, à cette heure, j'aurai

» mérité la pairie ou Westminster, » disait Nelson la veille de l'une de ses plus mémorables victoires ! Et l'on se demande lequel est le plus digne d'admiration, du Gouvernement qui inspire de telles paroles, ou de l'homme qui, après les avoir dites, va mourir ou se couvrir de gloire en les justifiant.

Vue de cette hauteur, la question ne m'appartenait plus. Fonctionnaires obscurs, nous ne demandons que de l'estime, et un peu de ce qui doit adoucir nos derniers jours, après une vie consacrée tout entière aux intérêts de l'État. Si nous avions un autre vœu à former, ce serait que l'administration fît plus souvent appel aux sentimens d'honneur de ceux qui la servent, qu'elle s'en remît davantage à leur intelligence, à la connaissance qu'ils ont des choses, des hommes, des localités. On vante l'administration moderne ! Depuis 25 ans on la dit en progrès ! Erreur ; à moins qu'on n'entende *l'administration matière, l'administration-compte-chiffres-registres-formule ;* mais tout cela ne fait pas plus l'administration que des sommaires de chapitres ne font un livre. Tant qu'aux forces humaines qui forment les rouages administratifs, on n'aura pas substitué la machine à vapeur, je croirai toujours que des fonctionnaires, hommes, doivent être traités en hommes ; qu'il faut beaucoup attendre d'eux si on les laisse agir, et très-peu de chose si on a la prétention de tout voir et de tout régler pour eux, à 200 lieues d'eux. Je ne sais quel moraliste, parlant des inconvéniens de la défiance, a dit *que la plupart des hommes devenaient inutiles à celui qui ne voulait pas courir la chance d'être trompé.* Et moi, je dirai, pour finir, que de tous les mauvais systèmes d'administration, le plus mauvais, sans contredit, serait celui qui, n'employant pour moyens d'action que des ressorts matériels, étoufferait au fond du cœur humain tout ce qu'il renferme de noble. En France, un tel système ne prévaudra jamais. La France est la terre classique de l'honneur.

NOTES.

L'écrit qu'on vient de lire, commencé trop tard, a été publié trop tôt. Il m'aurait fallu un peu plus de temps pour en resserrer quelques parties, pour en étendre quelques autres. J'aurais voulu pouvoir montrer tout ce que la résistance du ministère de la marine au projet de détruire la caisse de ses invalides, a d'honorable pour ce département, et citer, comme preuves de la fausse route où nous engage l'emploi trop exclusif de ressorts matériels, divers documens administratifs d'autant plus importans à examiner, qu'ils partent d'autorités plus élevées ; mais, pendant que je méditais sur ces additions, est intervenue l'ordonnance du 4 janvier (Moniteur du 6), qui charge une nouvelle Commission de la révision de nos lois sur les retraites. J'ai compris que le moment de produire mes doutes était arrivé ; et renonçant, non sans regret, à des changemens qui auraient rendu l'ouvrage moins imparfait, je l'ai livré à l'impression en réclamant pour lui une indulgence dont il n'a que trop besoin.

L'ordonnance qui crée la nouvelle Commission, porte qu'elle proposera les *modifications conciliables avec les intérêts du Trésor et le respect des droits acquis.* La question ainsi posée, la solution sera nécessairement satisfaisante. J'exprimerai cependant le regret que, dans la Commission, les droits acquis et les intérêts moraux de l'administration n'aient pas de représentans spéciaux, non que je doute que les hommes infiniment honorables qui la composent, ne remplissent consciencieusement ce devoir. Je veux seulement dire qu'aucun d'eux n'ayant, que je sache, dirigé de grandes machines à perception, il se peut que les inconvéniens de subventions fournies ou à fournir encore par le Gouvernement, leur appa-

raissent sous un jour fort sombre, et qu'au contraire les avantages qui peuvent en découler, dans l'intérêt du Gouvernement
lui-même, ne les frappent que peu ou point. Il ne s'agit pas,
comme on pourrait le croire, d'un procès entre le Trésor et
les administrations. Tout au plus cela serait-il vrai sous le rapport des droits acquis, désormais assurés. En réalité, c'est le
procès du Trésor contre le Trésor, du Trésor qui veut peu semer, contre le Trésor qui veut recueillir tout ce que la loi entend qu'il recueille ; et, dans ma pensée, quelques anciens
administrateurs, maintenant retirés des affaires, n'auraient
pu qu'éclairer de leur vieille expérience une discussion dans
laquelle, je le répète, le retranchement de quelques dépenses
est *l'accessoire*, et la nécessité d'exciter le zèle des fonctionnaires, d'assurer le nerf et la fidélité des services, *le principal*.
Cette adjonction de quelques administrateurs à une Commission chargée de préparer l'avenir de 6o ou 8o,ooo agens du
pouvoir, aurait aussi donné à ces hommes utiles une marque
de la sollicitude du Gouvernement pour leurs intérêts, et
je crois qu'elle n'aurait pas été de trop, surtout dans la position où ils sont aujourd'hui.

Je n'oublie pas que j'ai promis quelques chiffres. Je les
donne dans les notes suivantes qu'on peut lire sans recourir
au texte.

Note A. Page 16.

*Augmentation successive du revenu des caisses
de retraites. — Combien de temps a duré la
prospérité de celle de l'administration des
douanes. — Sa situation actuelle.*

Les ressources des caisses de retraites ont été augmentées,
depuis vingt ans, par l'allocation qui a été faite à leur profit

des vacances d'un mois et au-dessous, par de plus forts prélèvemens sur le produit des saisies et sur les traitemens, par
l'abandon forcé du premier mois de traitement des places de
début, par celui du premier douzième de toute augmentation
de traitement, par l'abandon encore de moitié du traitement
des employés en congé, et enfin par la réduction du quantum
alloué aux veuves pour cause de reversibilité.

Nonobstant l'infériorité des allocations diverses accordées
aux caisses de retraites antérieurement à la Restauration, la
Cour des comptes a constaté qu'au 1.er janvier 1814, la caisse
de l'administration des douanes avait, en excédant de recette,
après dix-sept années d'exercice, à peu près 1,000,000. Si les
retenues sur les traitemens, si les autres prélèvemens qui
constituent les ressources, eussent été, dès le principe, fixés
au taux où on les a portés depuis, l'actif, au lieu d'être d'un
million, se serait élevé à 8. On peut juger par là de ce qu'aurait produit l'institution sous le régime de fixité qui lui avait
donné naissance, et qu'elle-même avait concouru à si bien
affermir.

La caisse de retraites des douanes, en si bonne position le
1.er janvier 1814, a pu se suffire à elle-même *jusqu'au* 1.er
janvier 1828, époque à laquelle, toutes charges antérieures
acquittées, il lui restait de disponible environ 500,000 fr.
Ainsi, après 36 années d'existence, il se trouve que trente et
une ont été prospères, et les cinq dernières adverses ; résultat
qui paraîtra prodigieux, certainement, à quiconque tiendra
compte des obstacles sans nombre et sans cesse renaissans
contre lesquels il a fallu lutter depuis la Restauration. On
pourra détruire : rien de plus facile ; mais remplacer et faire
mieux : jamais.

Au 1.er janvier 1832, l'administration des douanes était
d'environ 550,000 francs au-dessous de ses charges évaluées
à 2,300,000 francs. Cet état de gêne disparaîtra vite, si le

Gouvernement veut aider un peu, et si, de son côté, l'administration le seconde, double hypothèse qui se réalisera
infailliblement.

Note B. Page 18.

———

*Causes de la situation actuelle de la caisse des
retraites de l'administration des impositions
indirectes.*

———

L'administration qui, sous le rapport des retraites, a
aujourd'hui la position la plus triste, est celle des impositions
indirectes. Il y a pour cela trois raisons, 1.º Elle s'est vu
enlever un capital de 12,000,000, qui lui appartenait très-
légitimement ; 2.º Elle devrait avoir fort peu de charges,
puisque sa création ne datant que de 1804, nulle concession
de retraites, si l'ordre naturel des choses n'avait pas été trou-
blé, n'aurait eu lieu avant 1829 ; 3.º Elle a multiplié, ou on
a multiplié ses retraites à ce point qu'en 1832, elles auront
très-probablement dépassé le chiffre de 2,200,000 fr., inférieur
de 600,000 fr. à ses ressources. Le chiffre de ses extinctions
annuelles, qui n'est que de 3, 68, tandis que pour les autres
services il s'élève communément à 5, et, pour quelques-uns,
approche de 6, prouve combien, chez elle, les retraites ont
devancé l'âge. Quelque grande que soit ici la part des événemens politiques, il faut bien en faire une seconde à la manie
des innovations, des soi-disant organisations, réorganisations,
etc. ; puis une troisième à cette circonstance que, pendant 16
ans, l'administration des impositions indirectes a eu pour
chefs suprêmes des hommes qui ne la connaissaient pas. Je n'ose
pas me promettre que cet écrit, entrepris dans la vue de por-

ter secours au système des caisses de retraites, les remettra à
flot ; mais ce dont j'ai l'espoir, c'est, qu'à d'autres égards,
il ne sera pas tout-à-fait inutile. Je m'en remets au temps.

Note C. Page 36.

Ce qu'était le déficit des caisses des adminis-
trations financières en 1828.

Les comptes récapitulatifs du mouvement des retraites
financières depuis 1825, reviennent à plusieurs reprises sur la
position très-gênée où se trouvaient les caisses particulières, à
l'époque où elles furent réunies en une seule. Cela n'est vrai
que de quelques-unes, ainsi que je l'établirai dans une autre
note. L'objet de celle-ci est de prouver qu'en 1828, le déficit,
dans sa généralité, était de fort peu de chose.

Les charges se sont élevées pour 1825, 1826, 1827,
à.. 22,133,431 90

La caisse générale a payé avec ses
ressources ordinaires................. 20,627,468 08

Déficit pour 3 ans..   1,505,963 82

Auquel on a pourvu par l'aliénation de 80,000 fr. de rente.

Il est évident que si en 1825, au lieu de réunir les sept
caisses financières en une seule, on eût fait l'investigation à
laquelle on procède aujourd'hui, il aurait été possible d'arriver à l'appréciation exacte de chaque gestion, et par conséquent de découvrir si, dans tel ou tel service, des intérêts peu
avouables n'avaient pas amené l'abus des retraites. J'ai des
raisons de croire que c'est surtout ce qu'on voulait éviter. La
fusion des caisses a tenu lieu d'absolution générale ; mais

cette fusion, indépendamment des événemens survenus depuis, devait tout perdre, en offrant dans la possibilité d'alié-
ner les rentes, un palliatif qui ne pouvait qu'endormir sur
l'abîme, et le creuser davantage. La ressource du capital
accumulé sera épuisée dans quelques années. Alors le déficit ne
sera pas de 5oo,ooo fr. par an, comme en 18a8, mais de
4,ooo,ooo ! Et ceci montre où conduisent les fausses mesures.

Note D. Page 38.

Pourquoi le déficit a toujours été croissant dans quelques administrations.

On voit par le compte de la caisse générale pour 18a5,
18a6, 18a7 que, pendant ces trois années, les douanes et
les contributions indirectes ont trouvé, dans le seul produit
de leurs retenues annuelles, près d'un million au delà de ce
qu'il leur aurait fallu pour subvenir à leurs propres charges.
Ainsi, pour ces trois années, les deux administrations dont
je parle, contribuèrent pour près d'un million au paiement
des retraites des autres services, qui eurent besoin de a,5oo,ooo
francs pour élever leurs ressources au niveau de leurs dépenses ! N'aurait-il pas été convenable de nous apprendre ce
qui avait réduit ces services à un pareil dénuement? Les
comptes ne nous donnent là-dessus aucune explication; mais
les chiffres y suppléent.

Par exemple, je vois qu'au 1.er janvier 18a8, pour cent
employés en activité, il y en avait en retraite, savoir :

Dans les postes...................... 27 !

Au ministère des finances.............. 36 !

A la loterie........................ 51 !

Tandis que dans les douanes où, à raison des

fatigues du service, le nombre de retraités doit être, relativement, le plus considérable, il n'y en avait, *y compris même les traitemens de non activité*, que... 22 !

Alors je comprends l'extrême embarras de plusieurs caisses, et l'état beaucoup moins fâcheux de quelques autres.

En 1825, au moment de la fusion des caisses de retraites, celles du ministère des finances, des postes, de la loterie, possédaient aussi des rentes. Elles avaient donc, antérieurement, pu faire des économies. Cependant les comptes nous apprennent qu'en 1825, 1826, 1827 le déficit des trois années réunies a été

Pour la loterie, de............... 100,000 fr.

Pour le ministère, de............ 580,000

Pour les postes, de près de...... 1,000,000

Sommes dont il faut prendre le tiers si l'on veut avoir, pour chaque service, l'année moyenne de son déficit.

Ces déficit, déjà effrayans, ont-ils augmenté depuis ? On va en juger.

Le compte des sept dernières années n'a pas reproduit le tableau qui, dans le compte précédent, mettait en présence les ressources et les charges de chaque service ; mais au moyen de dépouillemens assez longs on peut y suppléer. Il suffit pour cela de rapprocher le tableau N.o 5 qui donne les charges de 1832, du compte récapitulatif des recettes, lequel indique les ressources de 1831 (p. 42). Alors on trouve que pour 1832 les déficit approximatifs les plus forts seront, savoir :

Pour le ministère, de 450,000f sur 1,000,000 de charges !

Pour les postes, de 650,000 sur 900,000f idem !

Pour la loterie, de 108,000 sur 150,000 idem !

En voyant succéder à une position long-temps prospère un déficit qui, pour trois services, réduit les ressources à moitié, au tiers et presque au quart des charges, il est impossible de ne pas reconnaître que le mal est en dehors de l'institution. L'instabilité l'explique seule, et à quelque cause qu'on la rapporte elle-même, toujours est-il que si chaque administration avait été maîtresse de ses actes, ce que la fusion des caisses ne permettait plus, on saurait aujourd'hui à qui en demander le compte. Certes, il est affligeant de voir que l'administration des postes, naguère la plus stable, toujours la moins pénible à servir, en province du moins, à cause de la régularité, de la commodité du travail, ait été remuée à ce point de se trouver aujourd'hui sous le poids de près d'un million de charges de retraites quand, pour y faire face, elle n'a pas plus de 3oo,ooo francs de ressources annuelles ! L'administration des postes a passé par tant de mains qu'on peut hasarder cette observation sans blesser personne. Il est même juste d'ajouter que dans ces derniers temps, elle s'est fait remarquer par de grandes améliorations de service qu'elle a su lier à de notables économies ; et ce doit être pour le Gouvernement une double raison de venir à son secours, ce qui sera beaucoup plus raisonnable que de la faire aider par des administrations qui ont elles-mêmes besoin d'appui.

NOTE E. Page 5o.

––––––––

Nombre relatif des fonctionnaires à 3,ooo fr.

––––––––

Pendant l'impression de cet écrit, j'ai pu me procurer l'état du personnel *sédentaire* de l'administration des douanes, divisé par quotité de traitemens. Il n'est pas aussi détaillé que je l'aurais voulu ; cependant il suffira à l'objet de cette note. J'y vois que sur 3,463 employés, il y en a :

De 3,000 francs de traitement à 4,000...   172

De 4,000 francs et au-dessus............   173

TOTAL.........   345

Ainsi, les calculs que j'avais établis sur le personnel d'une direction sont vrais de l'administration tout entière. Pour un employé qui arrive au traitement de 3,000 francs ou le dépasse, il y en a neuf qui restent en-dessous. L'exemple choisi par la Commission est donc tout-à-fait exceptionnel. Quant aux simples préposés à 600 francs, veut-on savoir ce que le projet de la Commission leur procurerait de retraite après 25 années de services ? 61 francs 87 centimes. Dans le système actuel, leur retraite est de 300 francs. Ne les exposons pas à se faire pensionner par les fraudeurs qui, du reste, ne demandent pas mieux.

LILLE. — Imprimerie de L. DANEL, Grande-Place.

www.ingramcontent.com/pod-product-compliance
Lightning Source LLC
LaVergne TN
LVHW010402060726
842526LV00005B/1459